教会孩子如何从优等生到社会精英

孩子们的性格和才能，归根结蒂是受到家庭、父母，特别是母亲的影响最深。孩子长大成人以后，社会成了锻炼他们的环境。学校对年轻人的发展也起着重要的作用。但是，在一个人的身上留下不可磨灭的印记的却是家庭。

——宋庆龄

·一部影响青少年一生的成功圣经·

受益一生的
14堂成长
必修课

邢群麟 编著

光明日报出版社

图书在版编目（CIP）数据

受益一生的 14 堂成长必修课 / 邢群麟编著 . -- 北京：光明日报出版社，2012.1
（2025.1 重印）

　　ISBN 978-7-5112-1877-3

　　Ⅰ . 受… Ⅱ . ①邢… Ⅲ . ①青少年教育：家庭教育 Ⅳ . ① G78
－ 英 – 现代 Ⅳ . ① I561.88

　　中国国家版本馆 CIP 数据核字 (2011) 第 225301 号

受益一生的 14 堂成长必修课

SHOUYI YISHENG DE 14 TANG CHENGCHANG BIXIUKE

编　　著：邢群麟

责任编辑：李　娟　　　　　　　　　　责任校对：文　朔

封面设计：玥婷设计　　　　　　　　　封面印制：曹　净

出版发行 光明日报出版社

地　　址：北京市西城区永安路 106 号，100050

电　　话：010–63169890（咨询），010–63131930（邮购）

传　　真：010–63131930

网　　址：http://book.gmw.cn

E – mail：gmrbcbs@gmw.cn

法律顾问：北京市兰台律师事务所龚柳方律师

印　　刷：三河市嵩川印刷有限公司

装　　订：三河市嵩川印刷有限公司

本书如有破损、缺页、装订错误，请与本社联系调换，电话：010–63131930

开　　本：170mm×240mm

字　　数：200 千字　　　　　　　　　印　　张：10.5

版　　次：2012 年 1 月第 1 版　　　　印　　次：2025 年 1 月第 4 次印刷

书　　号：ISBN 978-7-5112-1877-3

定　　价：39.00 元

前　言

　　人从呱呱落地来到这个世界的那一刻起，就已开始了一个属于自己的独特人生之旅。对于家长而言，孩子的成长不仅需要牛奶和面包，还需要有完美的思想熏陶他们的灵魂。生下他们，不只是让自己收获做父母的愉悦，更重要的是要去教导他们，使他们成为优秀的人才。我们要担负起这个责任，好好地去履行做父母的职责。

　　教育是一门学问，每个孩子的个性迥异，对孩子的教育方式也需因人而异，如果家长在不知道"怎样做才是优秀的"之前，便盲目地按照自己心里的标准去教育孩子，甚至采用了错误的方法，就会毁了孩子而不自知。教育孩子是一个系统工程，但大多数的中国家长在成为家长前是没有经过学习和培训的，《受益一生的14堂成长必修课》能切实帮助家长解决这一问题。

　　人人都向往成功，成功意味着生活精彩，人生卓越，人人都追求成功，但有人一生孜孜以求却收获甚微，有人却在许多领域均有斩获。看来成功不仅需要我们自身的才智、勤奋和执着，更缺少不了开阔的眼界和前人的宝贵心得。

　　本书汇集了让人受益一生的14堂成长必修课，抓住育人育才的关键之处，结合大量的有震撼力的现实事例，从真爱、品质、梦想、智慧、思维、创意、成功等多个角度充分诠释了教育理念的精髓和内涵。这些触及了人性中最朴素的情感和生命中最本质的东西，挖掘出成功中最丰富的内涵，帮助青少年培养高尚的情操，塑造完美的品行，使青少年的人生成长道路上充满希望和阳光。同时，为广大望子成龙的家长朋友们教导孩子如何健康成长，成为社会栋梁之材提供了有益的建议和忠告。当然我们的目的不在于规划每个家长的教育方式，而是希望能给所有父母提供一个借鉴和参考，警惕教育误区，提醒父母们注意，什么样的爱才真正地对孩子有益，让你的孩子变得更加优秀！

这是一部青少年提高自我思想修养和自身成功素质的圣经，也是一本家长教子育人的理想读物。书中的故事就是一笔笔宝贵的精神财富，每个故事都具有丰富的教育功能和深刻的生活意义。对于孩子来说，这里没有冗长的说教，只有无穷无尽的榜样力量；对于成人来说，这里没有累赘的语言，只有深刻的人生哲理感言。

读有所思，思有所得，这正是《受益一生的14堂成长必修课》所要给你的。

目 录

CONTENTS

第 1 堂　真爱：开启生命的源泉

第 2 堂　品质：美丽人生的基石

第 3 堂　梦想：天才飞翔的翅膀

第6堂　创意：撞击智慧的火花

第7堂　成功：奋斗人生的桂冠

第8堂　勇气：装点灵魂的宝石

第9堂　自信：吹响前进的号角

第 10 堂　快乐：无悔人生的音符

第 11 堂　诚信：无价的财富银行

第 12 堂　自强：攀登人生的高峰

第 13 堂　机遇：幸运女神的指南针

第 14 堂　细节：成就完美的魅力

真爱：

开启生命的源泉

如果爱

> 上帝创造了人，也把爱赋予了这个万物精灵。很多时候，上帝常常为自己的杰作感动得掉眼泪，因为人类拥有了爱。

20 世纪 20 年代，印度的某个地区发现了两个狼童，一个 2 岁，一个 8 岁。因为从小与狼生活在一起，她们的生活习性完全异化了，两只狼一样的耳朵经常会动，双手已经不能像人一样抓东西，只会爬行。到了晚上的时候，她们总是会发出狼一样的嚎叫声。

九年后，经过人类文明的教导，2 岁的狼童已慢慢适应了人类的生活。而 8 岁的狼童因为在狼群中待太久了，已无法成为真正的"人"，17 岁时死去了。

由此不难看出，周围的环境对人的成长影响是很大的。心理学家曾经这样生动形象地描述环境与成长行为的关系：

如果人生活在批评的环境中，他就学会指责埋怨；

如果人生活在敌意的环境中，他就学会打架斗殴；

如果人生活在嘲笑的环境中，他就学会害羞内向；

如果人生活在羞辱的环境中，他就学会自轻自贱；

如果人生活在鼓励的环境中，他就学会勇敢向上；

如果人生活在赞扬的环境中，他就学会自信自强；

如果人生活在公平的环境中，他就学会拼搏竞争；

如果人生活在安全的环境中，他就学会相互信任；

如果人生活在赞许的环境中，他就学会自尊自爱；

如果人生活在互相信任和友好团结的环境中，他就学会在这个世界上去寻找爱，发现爱，奉献爱。

蒙台梭利说："环境就像人类的头部，影响着一个人一生的成长与发展。"一个人在成长过程中会遇到很多的人，经历很多的事，也要面对不同的环境。当然，很多时候，周围的环境也不是由自己所决定的，这时就需要你用爱去影响周围的环境。让我们大家一起用爱来营造一个温馨的花园。有了爱，世界才有了阳光般的活力！

小狗的主人

> 一只小狗瘸了，它觉得自己是不幸的。当它知道在这个世界上还有一个和它同样命运的人时，它就不再绝望了，因为它知道那个人会用心地爱它，做它喜欢的主人。

宠物市场上，一个三十多岁的男人手里举着一块牌子："出售小狗。"他的身旁有六只毛茸茸的小狗，其中一只小狗贴在他的脚边，呜呜低声叫着。

一会儿，一个小男孩慢慢地走到了男人的面前。

"先生，你的小狗卖多少钱?"小男孩问道。

"20美元。"

"能让我先看看它们吗?"

小男孩蹲下身来逗这些活泼可爱的小狗。他看到了那只呜呜叫着的小狗。

"这只小狗怎么了?"小男孩好奇地问道。

"它的一条腿瘸了，生了一场病就变成这样了。"

"我想买这只小狗。"

"这只小狗不卖。"男人想了一下，说，"如果你很想要，我可以把它送给你!"

"不!"小男孩认真地看着对方，一字一句地说:"我不需要你的赠予。这只小狗应该和别的小狗一样值20美元!"

"它的腿不好，不可能像别的小狗那样蹦蹦跳跳地陪你玩。"

小男孩低着头，轻声说道:"我自己也不能蹦蹦跳跳了。这只小狗需要一个理解它的人，给它一份关爱。"说完，他卷起裤脚，露出了一条严重畸形的小腿。

作为一个生命，每一个人的地位都是平等的，每一个人的价值都是一样的。不要用这样那样的标准把你我分隔开，因为人没有高低贵贱之分，尊重对方也就是尊重自己。当然，也不需要把自己和他人区别地对待，因为这样会让快乐和幸福从自己的身边溜走，留给自己的只有烦恼和不幸。

把爱请进来

在财富、爱、成功三者中，你选择什么？不用犹豫，不要后悔，你的选择只有一次。

郊区的一间小茅屋里，一家三口正坐在一起准备吃晚餐。他们的粮食已经不多了，干净的旧木桌上只放着几个馒头，这就是他们全部的晚餐。

"咚！咚！咚！"有人在敲门。女主人打开门一看，只见三个陌生的年轻人站在门口，一副风尘仆仆的样子。

她礼貌地打招呼："请问你们找谁啊？"

"你家男主人在吗？"三个年轻人问。

"在呀！"

"事情是这样的。"一个年轻人开口说道，"上帝知道你们是一个幸福的家庭，听说你们的生活遇到了困难，特地派我们来帮助你们的。"

年轻人接着说："我叫成功，另外两个叫爱和财富。在我们三个之间，你们只能选择一个，而且只有一次机会！"

屋里的男主人听见了他们的谈话，惊喜地叫了起来："快，我们就把财富请进来吧！"

女主人反对这样做："亲爱的，为什么我们不选择成功呢？有了成功，就有鲜花和掌声，就有了一切！"

这时，坐在桌子旁边的小男孩开口了："爸爸妈妈，我们还是把爱请进来吧！有了爱，我们不就会更加幸福吗？"

夫妻俩相互看了一眼，觉得儿子的话很有道理："对！我们还是把爱请进来吧！"

奇怪的是，等爱走进门的时候，财富和成功也跟了进来。

女主人疑惑地看着他们问："我们只是说把爱请进来，你们怎么全都进来了？"

三个年轻人异口同声地回答道："哪里有爱，哪里就有财富和成功。这就是上帝的旨意！"

记住这一个真理：爱是生命的源泉，拥有了爱也就拥有了一切！

很多人总是想着千方百计地得到财富和成功，把爱远远地扔在一边，最后他们什么也得不到。要知道连爱都不存在的地方，连爱都没拥有的人，财富和成功还会理睬他吗？选错了一次，所有的一切都会错过。而上帝给每一个人选择的机会也就只有一次！

你是上帝的妻子吗

人们常常祷告："上帝与我同在！"那么，上帝的妻子又在哪里？是天堂还是人间？你遇见过她吗？

寒冷的街头，一个衣衫破烂的丹麦小女孩站在一家蛋糕店的门前，看着橱窗里的大蛋糕眼睛都直了。她已经在寒风里站了很久，还是没有离去。

这时，蛋糕店的门被推开了，走出了一个漂亮的女店员。她问门前的小女孩："小妹妹，你是在这里等人吗？天快黑了，你还是赶紧回家吧！"

"不，我是在向上帝祷告，请他赐给我一块又漂亮又美味的大蛋糕。"小女孩认真地抬起头问，"姐姐，你说上帝能够听见我的请求吗？"

"会的！"女职员认真地点点头，接着，她把小女孩带进了蛋糕店。小女孩看着五颜六色的蛋糕和光亮的蜡烛，一脸的羡慕与陶醉。

一会儿，女职员端来了一盆热水，拿来了一条毛巾。她把小女孩带到一边，开始给小女孩洗手洗脸。小女孩的脸已经在外面被寒风冻得通红了，她睁着一双大眼睛看着这位女职员在她身边忙着，一脸的疑惑。

到了最后，女职员用碟子端来了一块大蛋糕，上面放着许多亮晶晶的果仁。小女孩迟疑地接过了大蛋糕，看了看女职员，眼眶里蓄满了泪水。

女职员对着小女孩笑了笑，说："小妹妹，你还有什么需要吗？"

"我可以吻你一下吗？"小女孩亲了一下女职员，然后俯在她的耳边轻轻地问了一句，"姐姐，你是上帝的妻子吗？"

上帝无处不在。可是我们的肉眼无法看见上帝的肉身，更别说时刻陪伴在上帝的身边了。可是，只要我们每一个人都拥有博爱之心，用自己的行动去关爱周围的人，你就会发现自己离上帝的距离不再远了。

最高奖赏

当你遇到不公平的待遇时，你会埋怨命运吗？上帝关注的眼神还会慈爱地停留在你的身上吗？这是一个好孩子的困惑。

1963 年，一个小女孩写信给一家报纸的总编，因为她遇上了一件麻烦的事情。她帮妈妈摘回了一篮子草莓，妈妈只是夸了她一句"好孩子"，却给调皮贪玩的弟弟一个大苹果。她想问一下热心的总编先生：这个世界是公平的吗？难道她和她周围的好孩子都被上帝遗忘了吗？

总编收到小女孩的来信，看了以后心里十分难过。可是他也不知道该如何回答这一个问题。

就在第二天，一位朋友邀请他参加了一场婚礼。就在这场婚礼上，总编找到了问题的答案。

事情的经过是这样的：牧师主持订婚仪式，新娘和新郎开始互赠戒指，或许是他们太激动了，两人都阴差阳错地把戒指戴在了对方的右手上。旁边的牧师看见了，幽默地插了一句："右手已经够完美了，我想你们还是用它来装饰左手吧。"

牧师的话让总编觉得眼前一亮，他想：右手本来已经非常完美了，没有必要再用饰物装点右手了。同样，那些有美德的人，之所以常常被大家忽略，不就是因为他们已经非常完美了吗？

总编终于找到了小女孩要的答案：上帝让右手成为右手，这就是对右手的最高奖赏；同样，上帝让好孩子成为好孩子，也就是对好孩子的最高奖赏。

总编发现这一真理后，兴奋不已，当天晚上立即给小女孩回了一封信。他在信中安慰小女孩说："……你不要烦恼，不要忧愁，上帝让你成为一个好孩子，就是对你的最高奖赏！"

好人有好报。其实有很多时候并不是这样，常常是自己付出了，却得不到一点回报，哪怕一句赞美的话。这也许是你弄错了，做好人并不是要求回报的，只要你对这个世界付出了爱，用爱去关心身边的人就行了。

10 美元的肖像画

一幅普通的肖像画，带走了父亲的爱，留下无尽的思念。这就是儿子留给老人最珍贵的收藏品。

大收藏家拥有大量珍贵的艺术品和一个年轻、充满活力的儿子，过着幸福美满的生活。后来，儿子应征入伍参加了保家卫国的战争，不幸战死在了沙场上。而父亲还不知道这一点。

圣诞节的早晨，日夜思念儿子的老人打开房门，看见一位陌生的年轻士兵站在面前，手里还提着一个大包裹。士兵向老人敬礼："您好，我是您儿子

7

的战友。他已经为国英勇捐躯了，这是他留给您的一幅肖像画。"

老人用颤抖的双手打开了儿子的肖像画，把它挂在客厅的正中央，每天早上起来之后都要默默地对着它看上半天。老人再也没有心思去打理自己那些珍贵的收藏品了，儿子的这幅肖像画已经成了老人心中最为珍贵的财产。

第二年秋天，可怜的老人得了一场大病，不久就去世了。老人留下遗愿：所有的收藏品，都拿出来拍卖。消息传出以后引起了轰动，世界各地的收藏家们聚集到了拍卖现场，都想从这位老人的收藏中得到一些稀世珍品。

出人意料的是，拍卖会是从一件非常普通的作品开始的，那就是老人挂在客厅正中央的儿子的肖像画。拍卖师介绍了这幅画的来历后，然后问道："有人愿意出价 200 美元买下这幅画吗？"没有人回答。

"100 美元呢？"拍卖师又问。

这时，人群中有人开始抗议了："谁会对那幅粗劣的画像感兴趣？快点，我们需要的是他的珍品！"

"对！对！"大家十分赞同。

"不，必须先拍卖这一幅，这是老人临终前的要求。"拍卖师坚决地摇头。

"谁愿意买下这幅肖像？"拍卖师再一次问道。

"10 美元可以吗？因为我身上只有这么多钱……"在旁边站了很久的老仆人难为情地举起了自己的右手说，"这是老主人最喜爱的肖像画，如果行的话我愿意买下它。"

"还有没有人高出 10 美元？"拍卖师大声问道。

没有人回应。"10 美元一次！10 美元两次！10 美元三次！好，成交！"拍槌重重落了下来。

接着，拍卖师扫视了一眼拍卖厅，郑重地宣布："今天的拍卖到此结束！"

"为什么？为什么？难道今天的拍卖会只拍卖这一幅普通的肖像画吗？还害得我们不远千里赶过来，这不是在愚弄人吗？"拍卖厅里的人群顿时像炸开了锅一样，群情激愤。

"不！不止这些！按照老人的遗嘱，谁买下了他儿子的肖像画，"拍卖师顿了一下，盯着众人说，"谁就可以同时得到他收藏的所有珍品！"

你能正确估量出爱的价值吗？谁愿意为爱买单？

父爱如山，爱是无价的。用心去爱别人永远都不要期望得到一次意外的回报，如果有了那样的想法，那么我们所付出的就不是爱了，而是一种赤裸裸的贪婪。这个时候，你已经亵渎了自己那一份朴素真挚的感情了。

总统后花园里的秘密

后花园里有阳光、春风、鲜花，当然还有希望。在一天深夜里，后花园里却闯进了一个小男孩……

小男孩满嘴长着参差不齐的牙齿，还有一条瘸腿，因此他总是远远地躲着自己的伙伴们，即使在课堂上轮到他回答问题时，也是一言不发。他心里认为自己是世界上最不幸的孩子。

春天到了，小男孩的父亲从市场上买回了一些树苗，他想让孩子们把树苗种在自家的后花园里，每人栽一棵。父亲向孩子们保证：谁栽的树苗长得最好，就给谁买一件最好的礼物。刚开始的时候，小男孩也想得到父亲的礼物，后来，浇了一两次水，他就再也没去管了，心里反而希望自己栽的那棵树早点死掉。

过了一个星期，小男孩再去看树苗时，惊奇地发现它竟然长出了几片嫩绿的叶子，比兄妹们栽的树苗更有活力。父亲兑现了诺言，为小男孩买了一份他最想得到的礼物。父亲对他说，他长大后一定能成为一个出色的植物学家。

从此，小男孩对生活充满了希望，慢慢地变成了一个快乐坚强的孩子。

一天晚上，小男孩看着窗外的月光，忽然想去看看自己种的那棵小树。当他轻手轻脚来到后花园时，看见父亲正在给自己的那棵树苗浇水。顿时，他热泪滚滚：原来是父亲一直背着他用心地呵护着那棵小树啊……

后来，那棵小树长成了参天大树。再后来，瘸腿的小男孩成了美国受人尊敬的总统，他的名字叫作富兰克林·罗斯福。

人一生总免不了要面对挫折，只要心存希望，哪怕只是一棵弱不禁风的小树苗也可以长成一棵枝叶茂盛的参天大树。这就是美国总统家后花园里的秘密。

每个孩子都是天才

> 当孩子来到父亲面前说自己被伙伴们骂成笨蛋的时候，父亲却告诉了他一个惊天的大秘密："上帝偷偷地告诉我，每个孩子都是天才！"

爱因斯坦是一个伟大的科学家，一生取得了举世瞩目的成就。可是他小时候的表现却不被人看好，4 岁的时候才会说一些含糊不清的话语，周围的邻居都说："这孩子呆头呆脑的，长大了可怎么办啊？"

上学的第一天，小爱因斯坦来到教室里，可是没有一个同学愿意和他坐在一起，因为他看上去就像一个小可怜虫。上课的钟声敲响了，在课堂上老师提了一个简单的问题，点名让爱因斯坦站起来回答。

"我，我……"爱因斯坦说了半天还是没有说出一个字来，他的脸已经涨得通红了。

同学们看见他的模样反而觉得更加可笑，哄堂大笑："笨蛋！笨蛋！"

放学回到家里以后，小爱因斯坦背着书包坐在家里的门槛上发呆。细心的父亲注意到孩子的沉默，拉着他的手问："亲爱的，你怎么啦？"

小爱因斯坦哭着扑到了父亲的怀抱里："同学们都说我是一个小笨蛋！"

"不！"父亲擦掉了小爱因斯坦脸上的泪水，严肃地说，"亲爱的，你弄错了。上帝曾经在睡梦中偷偷地告诉过我，每一个孩子都是天才！"

"真的吗？上帝真的是这样对您说的吗？"小爱因斯坦满脸期待地问父亲。

父亲坚定地点了点头，小爱因斯坦的脸上露出了幸福自豪的笑容。

后来，每当爱因斯坦取得一点点的进步，父亲都会给他送上一阵热烈而真诚的掌声鼓励他。慢慢地，爱因斯坦相信了父亲的那一句话——"每个孩子都是天才"，他的内心充满了希望，并通过努力最终成为科学巨匠。

英国心理学家托尼·布赞门说过："婴儿出世的那一刻，就真的已经是才华横溢了。仅仅两年时间，他就学会了语言，比任何一位哲学博士都要好，并且在3到4岁时，他在语言方面就是一个高手了。"

每一个孩子都是天才，要么是一个期待发展的天才，要么就是一个正在成长的天才。用爱浇灌他心中的希望之花，细心地呵护他，就一定能结出丰硕的果实。

看重坏孩子

> 好孩子的榜样力量是无穷无尽的。那么，对于一个"坏孩子"来说，特别是对于一个已经被周围人认定的"坏孩子"来说，他的力量又来自于何处呢？

自从母亲死了以后，他就变成了一个调皮的孩子。只要谁家的牛走失了，或者是后院的树莫名其妙被砍倒了，大家都认为是他做的坏事。甚至父亲和哥哥也是这么想的。渐渐地，他也变得无所谓了。

有一天，父亲打算第二次结婚了，家里的孩子们都在担心新妈妈会是什么样子。他也打定主意，不把新妈妈放在眼里。最后，新妈妈终于走进家门，来到每个房间，愉快地向孩子们打招呼。当新妈妈走到他面前时，他像枪杆一样站得笔直，双手交叉在胸前，偏开头看着一边，一点儿欢迎的意思也没有。

新妈妈回头看了父亲一眼，眼里有些疑惑。

"这就是我跟你说的那个孩子，"父亲懒洋洋地说，"全家最坏的孩子。"

仿佛是为了印证父亲的这一番话，他冷冷地瞪着新妈妈，满脸的倔强。

然而，令他猝不及防的是，新妈妈说出了一番让家里所有的人都吃惊的话，包括他自己。她把手放在他的肩上，看着他，眼里闪烁着光芒。"最坏的孩子？"新妈妈说，"一点儿也不，他是全家最聪明的孩子，我愿意拿出我所有的积蓄跟你赌一赌。"

20 年以后，他成了一位著名的企业家。当有人问到他成功的力量来自何处时，他自豪地回答："是妈妈赐给了我无穷无尽的爱！"

爱是一切力量的源泉。有了真爱，可以让干涸的心灵长出嫩绿的新叶，开出鲜艳的花朵，在阳光下怒放着生命的芬芳。在母亲的眼里，只有一种孩子——一个好孩子，或者是一个正在准备做好孩子的孩子，就这么简单。

两个预言

说你是什么就是什么，不是也得努力想着做到是。这就是伟大的预言，这就是期望的价值。

他是诺贝尔和平奖获得者，在国际上享有很高的声誉。他之所以能够取得今天的成功，用他自己的话说，是来源于母亲的鼓励与期望。他来自一个贫穷的家庭，父亲早早就离开了他和母亲，可母亲给予了他厚爱，同时也对他寄予了厚望。她对孩子情深意切，利用一切机会，用孩子可以理解的语言启发他、教育他。她总是对孩子说："孩子，你是一个坚强的人，也是一个对社会有用的人！"

由于母亲的教育与熏陶，他从小就给自己树立了一个远大的目标。他考入哈佛大学以后，就决心要做一个不畏强暴，为全世界人民伸张正义、谋求利益的人。

与此相反，有一位做大学校长的父亲，他拥有一个幸福的家庭和一个聪明可爱的孩子。可这位父亲怎么也不相信自己的孩子有潜在的能力，稍微看着不顺眼，就要打骂自己的孩子，更要命的是他总没完没了地训斥："你天生就不是成才的料。我早就看透了这一点！"其结果弄得孩子失去了信心，最后，在父亲的唠叨声中，他真的成了一个无用的人。

更可悲的是，做校长的父亲就像一个伟大的预言家，每天仍然少不了对自己的儿子得意扬扬地吹嘘："说对了吧！我早就说过，你不行的！"

不断地唠叨，不断地打骂，滋生的只有绝望；多一份启迪，多一份鼓励，伴随的就是希望。孩子成长的每一步都是伴随着对世界的认识而前进的，总免不了要犯一些幼稚的错误，不要把这些错误夸大成为不可饶恕的"罪行"，要相信孩子的能力，不要做他命运的代言人，让他去主宰自己的命运，去放开脚步大步向前走！

最不可思议的称赞

世界上最伟大的事情莫过于发现别人的错误，并善意地帮助对方。只要你这样做了，你就能体会到"真是太好了"这种感觉。

心理学家来到一所学校给孩子们上课。

每次提问的时候，其他的孩子都高高地举起自己的小手，只有一个孩子总是低着头不吭声。心理学家发现了这一点，他决定帮帮这个孩子。

"我遇到了一个难题，想请一个小朋友帮帮我。"心理学家的话刚一落，大家就举手响应了。他故意扫视了一下全班同学，然后走到那孩子的身边说："孩子，你能帮我吗？"孩子刚要摇头拒绝时，心理学家及时地拉他站了起来，轻声地对他说："孩子，老师相信你是天下最棒的孩子！不要紧张，你仔细看一看，仔细数一数老师这只手到底有几个手指？"

孩子缓缓地抬起头，涨红了脸，盯着他的五个手指，认真地数了半天，终于鼓起勇气说："四个。"

没想到的是，心理学家竟然高声地大叫了起来："哎呀，太好了，你简直太了不起了！一共才少数了一个。"

他的这一句话就像天上洒下的甘霖，孩子的眼睛一下子放出了异样的光彩。

积极的心志对一个人的成长影响很大。一个自以为自己不如别人的人，总是倾向于别人说他不行，而当周围的人也这样看待他的时候，他的自卑心态就会被强化，从而走向自我失败。

人在成长的过程中总免不了犯错，一句善意的赞美，其力量远远大于一万句严肃的批评。

看得见的上帝

人们无时无刻不在渴望着亲近上帝，希望得到他的庇护，让自己不再受到伤害。可是，当你早上睁开眼睛的一刹那，你希望站在面前的上帝是什么样子的？

半夜里，孩子被窗外的雷电惊醒了，他在黑暗中吓得大叫："爸爸，快来，我害怕！"爸爸急忙来到孩子的床前，安慰他说："哦，孩子，不要害怕，上帝会保护你的。"孩子摇摇头说："我知道上帝爱我，可现在我需要的是一个看得见的上帝来保护我。"

在日常生活中，父母无声的行动，有时比话语更能够体现对孩子的爱和赏识，也更容易让孩子感受到父母的爱和温暖。父母是孩子看得见的上帝。

一位父亲问儿子："在你的记忆中，最难忘的一件事情是什么？"

儿子大声地回答："是去年夏天的一个晚上，你来到乡下的姥姥家接我回去。在路上，我看见了草丛里一只亮晶晶的萤火虫，你停下汽车帮我捉住了那一只萤火虫，放到了我的掌心里……"

有很多时候，生活中的一个小小的细节常常让你我感动。

只是不经意之中的一个小动作，一句话，一个微笑，甚至只是一个不易察觉的眼神，都能打动人的心。因为它来得突然，又来得自然，就在一刹那间让我们胸中激情涌起，被爱彻底地征服，然后感动得掉下泪来。

地上的孩子怎么了

> 太阳升起了，地上的花儿开放了；太阳落山了，天上的星星起床了。家里的爸爸妈妈吵架了，他们的孩子怎么了？

夫妻俩开着小汽车去学校接女儿回家。半路上，坐在前排的两个大人为了一点小事吵了起来，谁也不肯罢休。"你不要太过分了！""我早就受够了你，每次都是这样。"声音越吵越大，最后他们干脆把车停在路边，讨论起离婚以后财产的分割问题。4岁的女儿坐在后排一直没有说话。

这时候，妻子想起了坐在车上的孩子。她回头一看，发现女儿居然在后排坐着画画：画面上有两个大人在打架，在他们的脚下还躺着一个小女孩。

"地上的小孩怎么了？"妈妈奇怪地问她。

"死了！"她说。

"两个大人是谁？"

"是她的爸爸和她的妈妈。"

"她怎么会死的？"

"因为她的爸爸和她的妈妈离婚了，不要她了……"女儿趴在后座的靠背上哭了起来。

夫妻俩沉默了，他们没有想到自己的行为，会在无意中给孩子造成这么大的伤害。一次亲情的分离，对孩子来说竟然是一场死亡！

周围的环境对孩子的成长影响很大。单亲家庭中长大的孩子总是落落寡合，因为父母的分离，对于他们来说，就好像是被抛弃在一个荒原上，没有阳光，没有温暖，没有完整的生命。给孩子完整的爱，别让他们头上苍翠的大树枯萎。

母亲眼中的儿子

小时候，孩子是母亲眼中的一块宝；长大后，母亲眼中的儿子又变成了什么呢？

三个邻居正站在水井边提水，她们都在议论自己可爱的孩子。

一个母亲自豪地说："我的孩子会翻筋斗，长大以后一定是一个成功的杂技家，他也一定能给这个家庭带来许多的财富和幸福。"

"我的儿子天生就是当歌唱家的料，他有美妙动听的歌声！"另一个母亲接着说。

第三个母亲没有说话。

"你为什么不谈谈自己的儿子呢?"两个母亲问她。

"有什么好说的呢?"她平淡地说了一句，"我只有一个普通的儿子，他没有什么特别的本领!"

接着，她们装满水桶开始回家了。一路上走走停停，她们已经觉得累了，手里提着的水桶也变得更沉了。

这时，迎面跑来了三个男孩。其中一个男孩翻着筋斗过去了，她母亲的脸上露出得意的神色；另一个男孩边走边唱，像一只夜莺一样欢快地唱着，也没有在自己的母亲旁边停下来；第三个男孩跑到自己的母亲跟前，从她手里接过两只沉重的水桶，提着就走了。

两个母亲问第三个母亲说："怎么样? 我们的儿子怎么样?"

"呵，他们在哪儿?"第三个母亲认真地看了四周一眼说，"我只看到我的儿子!"

父母为了孩子们的成长付出了很多，但他们对孩子所要求的并不多，他们不要求自己的孩子带给他们巨大的财富，或者是铺天盖地的荣誉和掌声，或者是让他们吃好的穿好的。他们所要求的只是自己的孩子能够在心里想着父母，念着父母，给他们爱，哪怕仅仅是帮助他们做一点儿小事。

17

我仍然爱着你

> 母亲有一颗宽容的心，她会对自己的孩子说："无论你曾经做错过什么，我仍然爱着你！"

女儿与母亲大吵一顿之后离家出走了，期间再也没有回来过一次。母亲为此伤心极了，她不分白天黑夜地，在城里的每一条街道寻找自己的女儿，每次都要拉住过路的行人问一问。一年过去了，她还是没有发现女儿的踪影。

一天，一个失神落魄的女孩走进了一家救助站，正在排队领取一份免费午餐。突然，她的眼睛牢牢地盯住了告示栏上的一张奇怪的寻人启事，上面贴着一张面带微笑、满头白发的母亲的相片，下面还有一行手写的字："女儿，快回来吧！妈妈仍然爱着你……"

"哦，我亲爱的妈妈……"女孩看了之后掩面痛哭。原来这是她母亲贴的寻人启事，她正是上面那位母亲要找的女儿。

女儿开始不顾一切地往家里赶，等她走到家门口时，已经是半夜时分。就快要见到自己的母亲了，她会原谅自己吗？女儿有些犹豫不决。最后，她还是决定上前敲门，奇怪的是门却自己开了。

"不好！一定是有小偷进来了！"女儿想到了正在家里的母亲，一下就冲到了妈妈的卧室，然而她却呆住了：房间里亮着灯，妈妈正坐在床头抱着女儿的相框掉眼泪。女儿的响声惊动了正在发呆的母亲，她回头看见了女儿，简直不敢相信自己的眼睛。母女俩紧紧地抱在了一起。

女儿擦干眼泪问妈妈："门怎么没有关上？妈，您不怕小偷进来吗？"

"不，我不怕小偷进来，就怕我的女儿半夜回家进不了门。"母亲慈祥地笑了，"自从你离开家以后，家里的门就一直是虚掩着的。"

孩子总是免不了要犯错，这时大人需要宽容他们，用一颗爱心去呵护他们受伤的心灵，这样才能让他们感受到温暖。如果只是一味地批评指责，那么你的孩子就会离你越来越远，最后连家都不敢回了。

女儿的算命袋

每一个人的命运，都神秘而不可测。可女儿的一个小小的算命袋却给母亲预测了她一生的命运。

刚吃过晚饭，母亲正在厨房里忙着。她女儿不时推开哥哥的房门进进出出，样子还挺神秘的。不一会儿，儿子就显得有些不耐烦了。

"你今天真讨厌，人家还要做功课呢，难道你不会自己去问妈妈吗？"

女儿有些低声下气地央求着哥哥："不行啊，这件事情绝对不可以让妈妈知道。"

过了没多久，女儿两手背在身后，笑眯眯地来到母亲的面前说："妈妈，明天就是您的生日了，我做了一个算命袋送给您。它很灵的，可以预测您以后的命运哦！"

接着，女儿递给母亲一个厚纸板做成的袋子。袋子上有三个用红色彩笔写成的字——"算命袋"，字的旁边还画了几朵小花儿，在袋子里放着5支折叠得严严实实的纸签。

"妈妈您抽抽看嘛，试一试运气好不好？"女儿有些急不可待地对母亲说。

母亲看着女儿认真的表情，不忍拒绝她，顺手抽了一支，拆开来一看，上面写着："你以后会有一个非常体贴你的丈夫。"

"哇！"母亲故作惊喜地叫了起来，"这可是我一生中最期待的事情，没想到真的变成了现实。果然十分灵！"女儿听了母亲的话，满脸的兴奋，她拉着妈妈的手又说："妈妈加油哦，说不定还有更好的运气在后面等着您呢。"

19

于是，母亲亲手一张一张地打开了女儿算命袋里的纸签。

"你将来会有一幢漂亮的房子。"

"你会年轻美丽，并且永远永远永远都不会变老。"

"你会活到 100 岁。"

"……"

当母亲拆开最后一张纸签时，她的眼睛开始湿润了。上面写着："你的女儿一定非常非常孝顺你。等你很老很老的时候，牙齿全部掉光了，她会用小火慢慢地 ao 稀粥给你吃。"

这时，女儿的脸更红了，头低得几乎看不见："我不会写那个字，哥哥也不告诉我，所以只好用拼音代替了。"

当你老了，满头白发地坐在炉火边打盹的时候，有人给你端来一碗热气腾腾的稀粥，此时的你无疑是世界上最幸福的人了。因为即使到了天荒地老的时候，还有你深爱的人、深爱着你的人陪伴在你身边，为你熬稀粥。从这一点来说，故事中的母亲无疑是天底下最幸福的母亲了。

1996 年的情人节

> 爱情不是花荫下的甜言，不是武力的强迫，更不是哀求的眼泪。爱情是建立在共同关爱的基础上的。

1942 年寒冬，纳粹集中营内。

一个孤独的男孩正从铁栏杆内向外张望。恰好此时，一个女孩从集中营前经过。看得出，女孩同样也被男孩的出现吸引了。为了表达她内心的情感，她将一个红苹果扔到了铁栏里男孩的脚下。

男孩弯腰拾起红苹果，一束光明照进了他那尘封已久的心田。第二天，男孩又到铁栏边，倚栏杆而望，手里拿着那个红苹果。

接下来的几天，寒风凛冽，雪花纷飞。两位年轻人仍然如期相约，通过红苹果在铁栏的两侧传递着绵绵情意。铁栏内外两颗年轻的心天天渴望着重逢，即使只是一小会儿，即使只有几句话。

有一天，男孩突然对心爱的姑娘说："明天你就不用再来了。他们将把我转移到另一个集中营去。"说完，他便转身而去，连回头再看一眼的勇气都没有。

从此以后，女孩那恬静的身影便常常出现在他的脑海中。她的明眸，她的关怀，她的红苹果，所有这些都在漫漫长夜给他送去慰藉，带去温暖。战争中，他所有的亲人都不在了，唯有这女孩的音容笑貌留存心底，给予他生的希望。

1957 年的某天，美国的两位移民无意中坐到了一起。

"大战时您在何处？"女士问道。

"那时我被关在德国的一座集中营里。"男士答道。

"哦！我曾向一位被关在德国集中营里的男孩递过苹果。"女士回忆道。

男士猛吃一惊，他问道："那男孩是不是有一天曾对你说，明天你就不用再来了，他将被转移到另一个集中营去？"

"啊！是的，可您是怎么知道的？"

男士盯着她的眼："那就是我。"

好一阵沉默。

"从那时起，"男士说道，"我再也不想失去你，你愿意嫁给我吗？"

"愿意。"她说。他们终于忘情地拥抱在了一起。

1996 年情人节。在一个向全美播出的电视台节目中，男主人公在现场向人们表示了他对妻子 50 多年忠贞不渝的爱。

"在纳粹集中营，"他说，"你的爱温暖了我；这些年来，是你的爱，使我获得滋养。可我现在仍如饥似渴，企盼你的爱能伴我到永远。"

在感情的世界里，不用言语，一切的思想，一切的愿望，一切的希冀，都在无声的注视中被共享、珍藏了。真正的感情是无形无声的，但它的力量却可以排山倒海。

父亲留给女儿的遗书

父亲就要离开自己的女儿到一个遥远的不可知的国度去旅行了，他该如何告诉她，让她在父亲不在的日子里快乐地生活呢？

亲爱的女儿：

再来和爸爸玩一次捉迷藏的游戏，好吗？我知道你比爸爸厉害，爸爸和你玩了好几次捉迷藏，每次都一下子就被你找了出来。

不过这一次，爸爸要躲很久很久才会让你发现。你先不要急，等你 18 岁 (再吃完 14 次生日蛋糕) 的时候再问妈妈，爸爸到底躲在哪里，好不好？

爸爸要躲这么久，你一定会想念爸爸，对不对？不过，既然我们事先说好了，爸爸自然不能随便跑出来，不然就输了。如果你还是很想爸爸，爸爸会念咒语变魔法出现在你面前。因为是魔法，不犯规，所以爸爸还没有输。

好的，让爸爸告诉你，我的魔法就是：等你睡觉的时候，跑到你的梦里和你一起玩游戏；在你画爸爸的时候，不管画得好不好，你只要觉得是爸爸，那就是爸爸；当你看着爸爸的照片时，爸爸也在偷偷地看你……要记得，爸爸一直都陪伴在你的身边。还有，我的咒语是："宝宝宝宝，我爱你！"

不过我不能经常用，那样就会不灵了。

你已经是 4 岁的大姑娘了。爸爸要拜托你一件事，要你照顾和孝顺爷爷、奶奶和妈妈，看你能不能比爸爸做得更好？

我们这一次捉迷藏要玩这么久，爷爷、奶奶、妈妈有时候看不到爸爸，他们一定会偷哭。他们偷哭，你就要逗他们笑，如果你忘记逗他们了，他们一定会哭得更厉害。

这次比赛爸爸一定要想办法赢你，想让你看一看到底是你厉害，还是爸爸厉害。

准备好了吗？亲爱的女儿，游戏马上就要开始了……

这位父亲可谓用心良苦，即使是到了生命的最后一刻，也要把痛苦隐藏，把快乐和希望留给自己的孩子。他希望用一种游戏的方式来让孩子接受和父亲永久的分离。在这个游戏当中，女儿是最无知游戏规则的，而她又是最幸福的人，因为父亲把最后的爱都留给了她一个人。读来辛酸，掩卷深思，谁解其中味？

一位母亲的来信

今天，是儿子上学的第一天。母亲给"世界"写了一封信。她到底想说什么？

从今天开始，我的儿子就要投入到您的怀抱中开始新的生活了。可能在很长一段时间里，他会觉得陌生，对一切都那么好奇，我只请求您对他多一点关爱。你知道，他是我最疼爱的孩子，一直都没有离开我的身边。

可是到现在，一切都变了。

今天早晨，他走下门前的台阶，向我挥挥手，然后开始了他伟大的人生征途。在前面，等待他的也许是失败、泪水和痛苦。我曾经叮嘱他，必须勇敢面对，要想在这个世界里生活，他需要信念、爱心和勇气。

所以，亲爱的世界，我请求您轻轻地握住他的小手，让他知道一些事情——让他知道，世界上有一个敌人就必定会有一个朋友，有一个坏蛋就必定会有一个英雄，有黑暗就必定会有阳光。

让他感受知识的力量，给他一点时间去感受自然界中神秘的一切：天上的小鸟，草原上的白羊，花朵中的蜜蜂。

让他知道，诚实比欺骗要光荣得多；让他坚定自己的信念，哪怕大家都放弃了；让他明白可以用智慧得到自己想要的东西，但绝对不能出卖自己的灵魂；让他学会勇敢，学会坚强……

亲爱的世界，请您用一种循循善诱的方式来教导他，但是不能过分地放纵他，因为只有逆境才能把他培养成一个勇敢正直的人。

我知道我的要求或许是太高了，但是请您尽力地帮助他成长。亲爱的世界，你知道吗？我的孩子是一个充满朝气与活力的年轻人啊！

如果上天开设一个信箱，人们会在第一时间把这封母亲的来信送到上天；如果上天想要回信给这位母亲，面对母亲这些朴素的语言，他只会感到语言的苍白、文字的无力，因为母亲的爱已经给了天下所有的孩子，她的爱让全世界感到温暖。这就是母亲的胸怀，这就是伟大的母爱。

贝多芬的吻

> 贝多芬的吻是一份遗产，它一代又一代地传承给后人，赐给人成功的力量。

在英格兰有一个14岁的男孩，从小就显示出钢琴演奏的天分。可惜，因为家境贫穷他不得不到酒店里卖艺维持生计。他为了自尊经常与老板争吵，但到最后又不得不妥协。

一天晚上，男孩又与老板争了几句，他愤怒了："干完最后一天，我就要离开这个鬼地方了。"男孩准备放弃自己对艺术的追求，改行做生意赚大钱。这天酒店里来了一位特殊的客人，一名英格兰大名鼎鼎的钢琴家。可男孩并不知道这一点，他像往常一样为酒店演奏了贝多芬的钢琴奏鸣曲《悲怆》和舒曼的《蝴蝶》。

当孩子演奏完毕后，钢琴家来到他的身边，在小男孩的前额上深情地吻了一下。他激动地说："我又发现了一个天才！当我像你这样大时就成了李斯特先生的学生。第一堂课结束后，李斯特先生吻了一下我的前额，然后对我说，'好好记住这个吻，这是贝多芬先生听完我的演奏之后给我的。'为了把这份珍贵的遗产传给后人，我已经等了许多年，现在我决定把它送给你了。"

十年以后，这个男孩成了一位著名的钢琴家。他回忆起那天晚上，总是忍不住动情地说："在我的一生中，再也没有比那天晚上更让我难忘了。是贝多芬的吻让我从困境中解脱出来，它简直就是上帝的福音。"

在困境中的人最需要帮助的时候，为他带去一份祝福，这比上帝的福音更能激动人心，鼓励人的斗志。不要以为帮助人就是给对方更多的财物就行了，这些并不是他们最需要的东西，只要你能多一分理解，多一份爱心，这就比什么都珍贵了。

借我 20 美元

> 下班的路上，儿子伸手拦住了满身疲惫的父亲，伸手要 20 美元。他为什么要这样对待自己的父亲？

父亲加班到很晚才回来，还没有到家，他就远远地看见 4 岁的儿子正站在路边等着他。

"爸爸，我可以问你一个问题吗？"

"什么问题？"父亲显得有些不耐烦。

"你 1 小时可以赚多少钱？"

"这与你无关，你想干什么？"父亲生气了。

"我只想知道你 1 小时到底可以赚多少钱？"儿子低声说。

"我 1 小时赚 25 美元。"

"哦，"儿子低下了头，又问，"爸，可以借我 20 美元吗？"

父亲气得跳了起来："如果你只是要借钱去买玩具的话，那就给我乖乖地回去睡觉！好好想想你为什么这样过分，我每天辛辛苦苦地工作，你却只想向我不断地要钱，钱，钱！真受不了你!"

儿子被父亲的神情吓住了，看了父亲一眼，低头往回走了。

父亲看着儿子有些落寞的背影，觉得自己刚才有些过分，都还没问孩子想要买什么东西，就这样来对待他，真是不应该。于是，他又追上了儿子。

"爸爸刚才做得不对，"父亲拍着儿子的肩膀说，"爸爸不对，这是你要的 20 美元。"

"爸爸，你真是太好了。"儿子高兴地接过 20 美元，接着又从自己的口袋里掏出几张皱巴巴的钞票，慢慢地数了起来。

"你要这么多钱干吗？"父亲又感到自己被欺骗了，他担心儿子拿着这么多的钱很容易学坏。

"我想买你一个小时的时间。"儿子拿出 25 美元递向爸爸，"爸爸，明天你能早一小时回来和我共进晚餐吗？"

男孩一个小小的想法不经意间就感动了自己的父亲。他用自己的一份小小的爱让父亲知道，在他下班回家的路上，有一个深爱着他的儿子在等他回家共进晚餐，享受父子在一起的幸福时光。

10 万英镑的爱

爱是无价的。可一个年轻的小伙子硬是用 10 万英镑得到了一份珍贵的爱。

一套豪华别墅里住着一个单身的老人，他年老多病，自从老伴去世之后，身边再也没有一个亲人来照顾他了。几经考虑之后，他决定拍卖自己的豪宅，搬到养老院去安度晚年。

消息传出去之后，一下就来了许多人，拍卖会上，豪宅底价从 20 万英镑一路飙升到了 60 万，仍然在继续攀升。可坐在旁边听着的老人脸上却没有一点笑容，人们都想知道他到底还想要得到什么。

这时，一个打扮朴素的小伙子来到老人眼前弯下腰，低声说："先生，我也想买这栋住宅，可我身上只有 10 万英镑。我很想把这幢房子买下来，接自己的父母来安度晚年。如果您能把住宅以 10 万价格卖给我，我也欢迎您生活在这里，我会像对待自己的亲生父母一样对待您，照顾您的生活。我保证让你们在一起生活得很好，每一天都是快快乐乐的。"小伙子刚一说完，就引来了大家的嘲笑。这简直是天方夜谭！

没想到老人却笑着点了点头："好的，我同意 10 万英镑成交！"

一份无私的爱心价值千金，特别是对于一个孤苦无依的人来说，最需要关爱的时候，爱的价值更是无可估量。老人愿意低价把豪宅卖给年轻人，主要是因为他有一份难得的爱心，不仅孝敬自己的父母，还恩泽他人。这才是真正无私的爱。

贝利的第一个进球

球王贝利追求的永远是"下一个进球"，那么，你想知道他的第一个进球是在什么时候吗？

足球教练在自家的别墅外面闲逛，看见路边的草坪上一个男孩正在专注地踢一个布包，他的心里一动，随手送给了他一个足球。男孩接过足球放在地上，看了一下远处放着的一只破铁桶，"哐当"一声响，足球应声而入。

"教练先生，谢谢您。"男孩鞠了一躬，说，"我也有一份礼物送给您！"说着他就转身往家跑了。过了一会儿，男孩从家里拿来了一把铁铲子。正当教练摸不着头脑的时候，男孩挥着铲子，很快地在别墅的花园里挖好了一个土坑。

男孩扬起满是汗珠的脸，说："教练先生，圣诞节就要到了，我没有钱买礼物送给您，就给您的圣诞树挖一个坑，行吗？"

教练拉着男孩的手激动地说："我得到了世界上最贵重的礼物。从明天开始，你就到我的训练场去练球吧。"

这一年，男孩才14岁。三年后，他在第六届世界杯上大放异彩，为巴西第一次捧回了金杯。从此，他的名字——贝利——就传遍了全世界。

每一个人都希望成功，很多人都在抱怨周围没有人愿意伸出关爱的手来帮助自己，可是从来没有扪心自问过："我给了别人多少关爱？又给了别人多少我能够付出的东西？"在每一个成功者的身边总是有很多关爱他的人和他关爱的人，正因为有了爱，人生才有了辉煌，才有了精彩，才创造出了奇迹。

父亲的奇迹

奇迹常常是不可思议的，而创造奇迹的力量更是不可思议的，因为这力量来自于一个平凡的父亲，一个伟大的父亲。

航行在大西洋的一艘客轮上，有一对普通的旅客。父亲正带着他的女儿去看望远在美国的妻子，一家人准备团聚了。

一个风平浪静的早上，父亲正一边欣赏海面上的风景，一边用腰刀给女儿削苹果。船突然剧烈地摇晃，他摔倒了，刀子扎进了胸口，他全身都在颤，嘴唇变得乌青。

女儿被这意外的变故吓坏了，尖叫着扑过来想要扶住父亲，他却微笑着推开女儿的手说："没事，只是摔了一跤。"然后他轻轻地抬起刀子，慢慢地爬了起来。

轮船还有两天就要到达美国了，父亲照常每晚为女儿唱摇篮曲，清晨替她系好美丽的蝴蝶结，带她去看大海上飞翔的海鸥，仿佛一切如常。而小女儿并没有细心地注意到父亲的脸色在渐渐地变得苍白，他看向海平线的眼光是那样忧伤。

轮船靠岸的头天晚上，父亲来到女儿的房间里，轻轻地握着女儿的手说："明天见到妈妈了，请告诉妈妈，我比任何时候都爱她。"

女儿眨着眼睛好奇地问："可是我们明天就可以见到妈妈了，你为什么不自己亲口告诉她呢？"

他无声地笑了，俯身在女儿的额前深深地吻了一下。轮船终于靠岸了，女儿一眼就看见了正在岸边人群里站着等待的母亲，她快乐地大喊大叫："妈妈！妈妈！我们在这儿呢！"

女儿正准备回头招呼自己的父亲，却突然听见身后一片惊叫，她回头看见父亲已经仰面倒在地上，胸口正喷出一股股鲜血……

后来，法医递交的尸检报告让所有的人都惊呆了。那把刀无比精准地洞穿了父亲的心脏，而他却又多活了两天，这不能不说是一个奇迹。唯一的解释就是，父亲不忍心让女儿一个人孤零零地度过余下的旅程，用爱的信念支撑着走过了生命中的最后两天！

父爱如山。他付出的爱不是狂风暴雨，不是撕心裂肺，而是流淌在胸中的涓涓细流，即使在生命中的最后两天里，他仍然不放心留下女儿一个人去见她的妈妈，直到轮船抵岸的那一刻为止。

父爱如山，他的爱如山一般沉重，如山一般伟大。

小鱼的命运

个人的力量是微弱的，而一个小男孩，他能拯救谁呢？

暴风雨过后，许多被海浪卷上岸的小鱼困在了沙滩的浅水洼里，虽然近在咫尺，它们却没有力量返回大海里了。用不了多久，浅水洼里的水就会被沙粒吸干，被太阳蒸干，这些小鱼最后都逃脱不了被干死的命运。

一个男人来到海边散步，他看见了浅水洼里成百上千条垂死挣扎的小鱼儿，无可奈何地摇了摇头。这时，他突然看见在他的前面有一个小男孩，一边走，一边把浅水洼里的小鱼捡起来扔到大海里。他走得很慢，每经过一个水洼都要停下来弯腰去捡鱼。

男人忍不住走过去对孩子说："孩子，这水洼里还有几千条小鱼，你一个人是救不过来的。"

"我知道。"小男孩头也不抬地回答，他已经满头大汗了。

"哦？那你为什么还要这样做？谁需要呢？谁在乎呢？"

"这条小鱼需要！"男孩指着浅水洼里的一条小鱼，把它捡起来扔回大海里，"这条需要，这条也需要！还有这一条、这一条、这一条……"小男孩一边说一边继续往前走。

个人的力量是微弱的，它不能改变风吹的方向，也不能改变水流的方向。可是，只要你付出了一份力，你就多了一个创造胜利的机会。要知道改变历史、改变命运的巨大力量正是由这样一份一份微弱的力量凝聚而成的。

三个人的平安夜

上帝告诉他的子民："不要你去征服世界，不要你去创造历史。只要给这乞丐一枚硬币，你就能从我这里得到力量和快乐。"

平安夜，哥哥送了一辆崭新的汽车给彼特作为圣诞节的礼物。彼特高兴极了，现在正细心地给自己的爱车擦车窗玻璃呢！这时，一个小男孩走过来站在他的身边看了半天都没有走开。

"先生，您的车是新买的吧！"小男孩突然开口了，眼神里满是羡慕，"真漂亮！"

"是，这是哥哥送给我的圣诞礼物。"彼特有些自豪。

"啊，您是多么幸福！"小男孩喃喃自语道，"要是我有钱的话，我也愿意像您的哥哥那样……"

彼特十分震惊。他专注地问小男孩："你愿意坐我的车去兜一圈吗？"

"哎呀，那真是太好了！"

小男孩坐在新车上这儿看看，那儿看看，十分兴奋。彼特也被他的心情感染了。半路上，小男孩突然指着路边的一家房屋说："先生，您的车子能在那个门前停一下吗？"

彼特想，这小家伙一定是想回家把自己的父亲带出来看一看，他带回一个多么好的朋友，他的朋友又拥有一辆多么棒的小汽车。彼特微微一笑，点头答应了他的请求。

车停了，小男孩下了车，飞快地跑上台阶，进了自家的房门。

一会儿，彼特听见屋里传来一阵沉重的脚步声。他正觉得奇怪，门口的台阶上出现了小男孩的身影，他右手还拉着一个年龄比他还小的男孩。

小男孩有些不好意思地朝彼特笑了笑，说："这是我的弟弟，他一直想看一看漂亮的小车是什么样子的。"

31

　　小男孩扶他的弟弟在门前的台阶上坐下，彼特不经意地看到了他的弟弟少了一条腿。小男孩指着小汽车认真地说："弟弟，你看见了吗？这就是我朋友的圣诞礼物，他的哥哥送给他一辆多么漂亮的小汽车啊！总有那么一天，我也会送给你一辆崭新的小汽车，跟他的这辆汽车一样的棒。那个时候，你就可以开着自己的小汽车去看路边的彩灯，看橱窗里的蛋糕……"

　　小男孩紧紧地握住弟弟的手，一脸的向往。

　　彼特不知何时已经泪流满面，他朝台阶上的兄弟俩热情地张开双臂，大声说："来，欢迎我们的新朋友上车，现在开始我们愉快的平安夜之旅吧！"

　　付出远比得到要快乐。只要拥有博爱之心，把自己一份微不足道的关爱送到别人的身边，你将会比自己当初得到更多，你的快乐将会加倍地增长。

第 2 堂

品质：
美丽人生的基石

那是我的祖父

> 美好的品德是一种珍贵的遗产，它可以代代相传，恩泽后代子孙。

吉米夫妇又添了一个孩子，这对他们的家庭来说是一件烦心的事。原来他们一家四口人住在一间租来的小屋里，现在又多添了一个小生命，小屋就显得更挤了。

吉米决定自己买地盖一座房子，于是找到银行家要求贷款。银行家从来不肯轻易借钱给别人。吉米初次和他见面时，遭到了他的拒绝。但当银行家知道吉米的祖父是吉米·格林时，却大吃一惊："你是否认识吉米·格林?"

"那是我的祖父。"吉米答道。

奇怪的是，银行家的态度突然变得十分热情起来，他高兴地和吉米交谈着，最后不仅借了一大笔钱给吉米，还给他介绍了几个做房地产的朋友。

吉米在高兴之余又对银行家的做法疑惑不解，银行家似乎也看出了他的心思，笑着说道："因为你是吉米·格林的孙子啊。我认识你祖父并且很敬重他，他是一个非常坦诚并热心助人的人。"

对于一个银行家来说，他看重的并不是钱，而是一个人的品质。只有品质高贵的人才能让人产生一种信任和安全感，才能够做朋友。高贵的品质是一个高贵的人必须具备的条件，少了这一点，你连与人做朋友的资格都没有了。

第二杯牛奶

儿子不小心弄洒了一杯牛奶，当主人要倒第二杯牛奶时，他却拒绝了。他为什么要这样做？

儿子 6 岁时，父亲带他去牧师家做客。吃早餐时，儿子弄洒了一点牛奶。照父亲定的规矩，洒了牛奶是要受罚的，只能吃面包。可是儿子很喜欢喝牛奶，而且主人还特地为他准备了精美的小点心。最后，儿子的脸红了一下，看了看主人端上来的第二杯牛奶，还是没有喝。

牧师热情地再三劝他喝牛奶，可儿子还是不肯喝。他低着头说："我洒了牛奶，就不能喝了。"

后来，牧师看见了坐在餐桌上正在吃早餐的父亲，以为是儿子害怕父亲说他才不敢吃，于是就找了一个借口让父亲离开了餐厅。

接着，主人又拿出更多好吃的点心对小男孩说："吃吧，你爸爸现在不在这里，他不会知道的。"但小男孩还是不吃，并一再说："就算爸爸不知道，可是上帝知道，我不能为了一杯牛奶而撒谎。"

主人觉得十分震惊，把父亲叫进客厅说了这件事。父亲解释说："不，他并不是因为怕我才不喝的，而是因为他从心里认识到这是约束自己的纪律，所以才不喝。"后来，父亲来到儿子面前对他说："你对自己的惩罚已经够了。我们马上要出去散步，你把牛奶和点心吃了，不要辜负了大家的心意，就当是上帝对你的奖赏吧。"儿子听见父亲这样说了，才高兴地把牛奶喝了。

自律是一种美德，无论做什么事我们都要严格要求自己，这样才能成就大事。因为做到自律是对自己负责，并不是为了做给别人看，所以有没有人监督并不重要。

老太太的小费

> 正确地评价一个人的品格，只要他有一颗乐于助人的心就行，不一定非要具备丰富的人生阅历和巨额的社会财富不可。

老太太正坐在机场的候机大厅里等待她的侄儿，可是半天过去了，还是没有见到她侄儿的影子，老太太有些急了。她的身旁还放着两个大行李箱。

老太太想上厕所，可是她又不敢丢下行李箱不管，因为里面有很多她为远在都市里的亲友们积攒了多年的礼物。她只得一边忍着，一边焦急地东张西望，盼着侄儿早点出现。

"太太，需要帮忙吗?"旁边一个年轻人微笑着问她。

"哦，不，暂时不需要。"老太太打量了年轻人一眼。身着休闲服的年轻人掏出一本书，专心致志地阅读了起来。

"这个不守时的家伙，等会儿非得训斥他不可。"老太太开始埋怨起来。

又过了一会儿，老太太实在忍不住了，她向身旁的年轻人恳求道："请帮我照看一下行李好吗，我去一趟洗手间。"

年轻人点了点头。

老太太很快回来了，她感激地掏出一美元，递给年轻人："谢谢你帮我照看东西。"

年轻人也说了一声"谢谢"，接过钱放进了口袋。

这时，她的侄儿终于过来了，他刚要解释，忽然看见了旁边的年轻人，于是惊喜地叫道："你好，盖茨先生。见到你真是我的荣幸。"

"我也一样。"年轻人收起书，准备去检票口检票。

"哪个盖茨？"老太太不解地问道。

"就是我常常跟您说起的世界首富、微软公司总裁比尔·盖茨先生啊！"

"啊，我刚才还给过他一美元的小费呢。"老太太满脸自豪地说。

"是真的吗？"侄子惊讶地张大了嘴巴。

"没错，我很高兴为这位太太做了一件事。"盖茨回头答道。

要想成为一个真正有教养的人，必须具备三点：一是拥有渊博的知识；二是善于思考，不断地反省反思；三是有高尚的品质。如果知识贫乏就会变成一个愚昧的人，不能时刻对自己的行为进行反思的人只是一介蛮夫，而少了高尚的品质，就会变成一个为人不齿的卑鄙小人。

公平交易

> 多帮助别人，不图回报，能让一个短暂的生命表现得很体面和有价值，这本身就可以算是一种回报。

小镇上有一家菜摊，平时顾客不多，因为这里的人都比较穷而买不起菜。不过，经常有些穷人家的孩子来这里转悠。虽然他们只是来玩，可店主还是像对待大人一样与他们打招呼。

"孩子们，今天还好吧？"

"我很好，谢谢。老板，这些马铃薯看起来真不错。"

"可不是嘛。你妈妈身体怎么样？"

"还好，一直在好转。"

"那就好。你想要点什么吗？"

"不，先生。我只是觉得你的马铃薯真新鲜！"

"你要带点儿回家吗？"

"不，先生。我没钱买。"

"用东西交换也可以呀！"

"哦……我只有几颗赢来的玻璃球。"

"真的吗？让我看看。"

"给，你看。这是最好的。"

"看得出来。嗯，只不过这是个蓝色的，我想要个红色的。你家里有红色的吗？"

"差不多有吧！"

"这样，你先把这袋马铃薯带回家，下次来的时候让我看看那个红色的玻璃球。"

"一定。谢谢你，老板。"

37

每次店主和这些小顾客交谈时，店主太太就会默默地站在一旁，面带微笑地看着他们。她熟悉这种游戏，也理解丈夫所做的一切。镇上很多贫困的人家没有钱买菜，也没有任何值钱的东西可以交换。为了帮助他们，他就这样假装着和孩子们为一个玻璃球讨价还价。就像刚才的这个孩子，这次他有一个蓝色的玻璃球，可是店主想要红色的；下次他一准儿会带着红玻璃球来，到时候店主又会让他再换个绿的或橘红的来。当然打发他回家的时候，一定会让他捎上一袋子上好的蔬菜。

　　后来，店主因病去世了。镇上所有的人都去向他的遗体告别，包括以前那些和他玩交换东西的孩子们。他们都已经成了社会上的成功人士。

　　店主太太站在丈夫的灵柩前。小伙子们走上前去，逐一拥抱她，亲吻她的面颊，和她小声地说几句话。然后，她泪眼蒙蒙地目视他们在灵柩前停留，看着他们把自己温暖的手放在店主冰冷苍白的手上。

　　品质的价值是不断垒积起来的金字塔。它不会因为时间的流逝而改变一个人存在的价值，反而如大浪淘沙一样，使留在人们心底中的永远是美好的回忆。时间决定了品质永远处在价值的中心位置，既不可能被取代，也不可能被颠倒。

面包里的金币

　　评价一个人品质的好坏，可以看他在知道没有人会发觉的时候都做了些什么。

　　一个慈善家来到一个贫民窟，对那些穷人家的孩子们说："在上帝改变你们的命运以前，你们每天都可以到我家里来拿一条面包。"

　　每天早晨，这些穷人家的孩子便聚集在慈善家的门口，你推我挤，因为他们都想拿到最大的面包。等他们拿到了面包，顾不上向慈善家说声"谢谢"，就慌忙跑开了。

只有一位小姑娘，既没有同大家一起吵闹，也没有与其他人争抢。每次，她都是站在一旁，等其他孩子离去以后，才拿起最小的一个面包。她从来不会忘记亲吻慈善家的手以表示感激，然后才捧着面包高高兴兴地回家。

有一天，别的孩子走了之后，小女孩得到了一个比原来更小的面包。但她依然不忘亲吻慈善家，并向他表达了真诚的谢意。回家以后，小女孩咬了一口面包，发现里面竟然藏着几枚闪闪发亮的金币。

妈妈惊奇地叫道："我的孩子，立即把钱送回去，一定是慈善家揉面的时候不小心掉进去的，赶快去，把钱还给好心的慈善家！"

当小女孩把金币送回去的时候，慈善家却又把金币放在了她的手中："不，我的孩子，这是我特意放进去的。我要告诉你一个道理：谦让和感恩的人，上帝会给予他幸福。回家去吧，告诉你妈妈，这些钱是上帝的奖赏。"

品质存在于生活之中，它能真实地反映一个人的内心世界。不管你采用什么手段去掩饰，你的一句话、一个动作、一个行为都能反映出你的人品如何，也足以说明你是一个什么样的人。所以，一个人的品性是一种与生俱来的本性，是一种自然流露与真实表达。

受伤的篱笆

良好的品德是在与坏习惯不断作顽强的斗争中培养出来的。

一个男孩性情急躁，爸爸告诉了他一个办法：每次控制不住自己情绪的时候，就把一根钉子钉在院子里的篱笆上。

一个星期以后，男孩在篱笆上钉了42根钉子。以后的日子里，他开始学着控制自己的脾气，每天钉的钉子逐渐减少了。他发现，随着钉钉子的次数减少，他竟能平心静气地想问题了。

终于有一天，他一根钉子都没有钉。他高兴地把这件事告诉了爸爸。

爸爸说："从今以后，如果你一天都不发脾气，就可以从篱笆上拔掉一根钉子。"日子一天一天过去，最后，篱笆上的钉子被男孩全部拔光了。

这时，爸爸又带他来到篱笆边："儿子，你做得很好。我的孩子，你再看看篱笆上的钉孔吧，它们已经不可能恢复到原来的样子了。就像你说了一句伤人的话，这些话就会在他人心里留下一个伤口。"

在缺乏教养的人身上，勇敢就会表现为粗暴，学识就会表现为迂腐，质朴就会表现为粗鲁，机智就会表现为逗乐。品质的根本，就在于一个人的自制力和克己心。

农场主的亭子

> 遵守诺言远比保卫你的生命重要，因为失信于人等于是扼杀自己的生命。

一次，墨西哥总统福克斯受邀到一所大学演讲，一个学生从讲台下递上来一张纸条："总统先生，请问在你从政的经历中有没有撒过谎？"

总统说："不，从来没有。"

讲台下面开始窃窃私语，有的学生还轻声笑出来，因为每一个政客都会这样表白，他们总是把手放在胸口上发誓，说自己从来没有撒谎。

总统并不气恼，他对大学生们说："孩子们，你们应该相信在这个世界上还有诚实，它永远都在我们的周围。我想讲一个故事，也许会对你们有所启发。

"有一位农场主觉得园中的那座亭子已经太破旧了，就安排工人们把它拆掉。他的儿子对拆亭子很感兴趣，于是对父亲说：'爸爸，我想看看你们怎么拆掉这座亭子，等我放学回来再拆好吗？'

"父亲答应了。可是，等儿子走后，工人们很快就把亭子拆掉了。

"儿子回来后，发现旧亭子已经不见了。他闷闷不乐地对父亲说：'爸爸，你欺骗了我。'

"儿子继续说：'你答应过我，那座旧亭子要等我回来再拆。'父亲有些沉痛地说：'儿子，爸爸错了，我应该兑现自己的诺言。'

"于是，父亲重新招来工人，让他们按照旧亭子的模样在原来的地方再造一座亭子。亭子造好后，他把儿子叫来，然后对工人们说：'现在，请你们把它拆掉。'"

大家听了这个故事后沉默了，良久，有人问了一句："后来，父亲和儿子呢？"总统说："父亲已经过世了，但是他的儿子还活着。"

"那么，他的孩子现在在哪里？"

"他的孩子现在就站在大家的面前，就是我！"总统平静地说。

信用是难得易失的，长期积累的信用，很有可能由于一时一事的言行而失掉，而一次失信就会导致你的人格破产。所以，对于一个重视信用的人来说，应凡事谨慎，千万不可错走一步而在别人面前失去了信用。

第十次微笑

宽容是检验气质修养的标准之一，也是文明的象征。

飞机起飞后，一位旅客向空姐要一杯凉开水，空姐答应五分钟内给他送来。可是因为人多事忙，空姐一时没有把水倒过来。突然，乘客服务铃声急促地响了起来，空姐猛然意识到：糟了，她忘记了给那位乘客倒水！当空姐来到客舱时，按铃的果然是刚才那位要水的乘客。她小心翼翼地把水送到那位乘客的面前，微笑着说："先生，实在对不起，由于我的失误，延误了你时间，我感到非常抱歉。"但是，无论她怎么解释，这位乘客都是板着脸不理她。

在接下来的旅途中，为了弥补自己的过失，空姐十次向这位乘客微笑道歉。

快下飞机的时候，那位旅客要求空姐把留言本给他送过去。等旅客下机后，空姐在留言簿上发现了一段话："你表现出的真诚，特别是你的第十次微笑，深深地打动了我……你的服务质量很高，下次如果有机会，我还将乘坐这次航班。"

宽容是一种高贵的品性，它不会因个人受到伤害而去找机会报复，即使这种机会已经被提供给他。因为宽容胜于报复，在品性高贵的人眼里，宽容是智者的禀性，而报复是小人的无耻行为。

废墟中的亲情

人应当生活在奉献里，应该让别人的生活因为有了你的存在而更加美好。

一场大地震震垮了学校的楼房，一些正在上课的孩子因来不及逃出而被埋在了废墟里，生死未卜。

一位父亲听说后，顿时感到眼前一片漆黑，大喊道："我的儿子！"他跪到废墟前大哭了一阵后，猛地想起儿子常说的一句话："不论发生什么，我总会跟你在一起！"

他知道儿子的教室在一楼最边上的地方。他疾步走到那里，开始动手。

在他挖掘时，不断有孩子的父母急匆匆地赶来，看到这片废墟，他们痛哭着，绝望地离开了。

有些人上来拉住这位父亲说："太晚了，他们已经死了。"这位父亲双眼直直地看着这些好心人，问道："谁愿意来帮助我？"没有人给他肯定的回答，他便埋头接着挖。

救护人员走过来对父亲说："你很难过，大家都在为这场不幸痛苦，马上回家去吧，一切都已经无法挽回了。"

而这位父亲心中只有一个念头："儿子在等着我。"

他已经挖了一天一夜了，满脸灰尘，双眼布满血丝，衣服破烂不堪。到第二天上午时，他突然听见底下传出孩子的声音："爸爸，是你吗？"

是儿子的声音！父亲大喊道："我的儿子！啊，是我的儿子！"

"爸爸，真的是你吗？"

"是我，是爸爸！你现在怎么样？有几个孩子还活着？"父亲担心地问他的儿子。

"我们这里有 11 个同学，都活着，我们都在教室的墙角，房顶塌下来架了个大三角形，我们没被砸着。"

父亲大声向四周呼喊："这里有 11 个孩子，都活着！快来人！"

一个小时后，一个安全的小出口被挖开了。

父亲激动地说："出来吧！我的孩子。"

"不！爸爸。先让别的同学出去吧！我不怕。不论发生了什么，我知道你总会和我在一起。"

生活中最大的享受就在于自己之于社会是有用的，使人们感到自己的存在，这才能体现一个人存在的真正价值。所以，在困难的时刻，人应当学会忘却自己，去爱别人，去帮助别人，这样的人才能得到幸福。

流浪的百万富翁

他在成为百万富翁之前是一个流浪者，一无所有，但他有一个成功者的尊严。

一群饥饿的流浪汉来到了一个庄园，庄园主拿出自己的食物热心地接济他们。大家接过食物后，连一声"谢谢"都没说，就蹲到一边忙着吃了。只有一个年轻人例外，当庄园主把食物送到他面前时，年轻人却问："先生，吃您这么多东西，您有什么活儿需要我做吗？""不，我不需要你帮我做什么。"庄园主摇摇头说，"每一个善良的人都很乐意这么做的。"

听了这话，年轻人有些急了："先生，那我更不能随便吃您的东西了，因为我没有付出自己的劳动。"庄园主想了想又说："我想起来了，我确实有一些事情需要人帮忙。不过，等你吃过饭后，我再给你安排。"

"不，先做完您的事情以后，我再吃这些东西。"庄园主十分赞赏地望着这个年轻人，看来不给他做些活儿，他是不会吃这些东西的。他想了一会儿，就说："小伙子，你愿意为我捶背吗？"年轻人便十分认真地给他捶背。捶了几分钟后，庄园主便站起来说："好了，小伙子，你捶得棒极了。"说完他把食物递给了年轻人。

年轻人这才狼吞虎咽地吃起来。庄园主和蔼地拍着他的肩膀说："小伙子，我的庄园太需要你这样实在的人了，如果你愿意留下来的话，那真是我的荣幸。"

年轻人于是留在庄园主的家里做工，而且干得十分出色。一年以后，庄园主把自己的女儿嫁给了他，并且对女儿说："别看他现在一无所有，可他将来百分之百是个富翁，因为他有尊严！"果然不出他的所料，20年以后，年轻人成了美国大名鼎鼎的石油大王，他就是哈默。

一个人不能总把别人的施舍当成是一种恩赐，时间长了，别人会把这看成是一种负担，从而对你产生鄙弃。只有通过自己的劳动换来的成果才会最终属于自己，取之不尽，用之不竭。

人穷志短是最为可悲的一件事，在逆境中自尊自立才能赢得别人的尊敬，才能活出人生的精彩。

寄宿的夫妇

> 多帮助别人，帮助最需要帮助的人，这样做是做人最起码的品性和责任。

一个漆黑的夜晚，外面正下着暴风雨。这时，一家旅店的门被敲开了，进来一对老年夫妇。他们对旅店的伙计说："对不起，我们跑遍了附近所有的旅店，里面全客满了。我们想在贵处借住一晚，行吗？"

年轻的伙计说："这两天，附近的旅店家家客满。我们的旅店也客满了。"

他们刚准备离开，伙计却把两位老人叫住往里边请："现在天气这么糟，你们也没有地方可去，要是不介意的话，你们就睡我的床吧！"

"那你怎么办呢？"

"我的身体很好，在桌子上搭个铺睡不碍事的。"

第二天早上，这对老年夫妇拿出一笔钱要感谢这个年轻人，他却坚持不要，并说："床铺是我自己的，我怎么能要你们的钱呢？"

"年轻人，你的好心一定会有好报的。过些日子我要给你盖个大旅馆。"

伙计听了，只当是一个玩笑，没有放在心上。

两年过后的一天，年轻人收到一封信，信里附着一张到纽约的双程机票。在纽约，年轻人见到了当年那对寄宿的老年夫妇，原来他们是一位亿万富翁的双亲。

老人把年轻人带到车水马龙的纽约街头，指着一幢高楼说："年轻人，这就是我们为你盖的旅馆，从此以后，你就是这家旅馆的经理。"

作为一个给人类社会带来巨大福利的科学家，爱因斯坦仍经常反省自己的行为。他说："我的精神生活和物质生活都依靠着别人的劳动，我必须尽力以同样的力量来报偿我所领受了的和至今还在领受着的东西。"乐于助人并不是为了回报，因为很多时候你在帮助别人的同时也是在帮助自己，它等于给自己一个向上的机会和一份前进的动力。

孩子们知道的事情

> 编造谎言的行为不仅是一种慢性自杀行为，而且还会影响到周围人的身心健康。

一个阳光明媚的周末，路易斯带着他的两个儿子去打"迷你"高尔夫球。他走向售票柜台问道："一张门票多少钱？"

"大人 1 美元，6 岁以上的小孩要 40 美分，刚好 6 岁或小于 6 岁的小孩免费，你的两个孩子几岁了？"年轻的售票小姐回答说。

路易斯答道："一个 3 岁，另一个 7 岁，我想我得付 1 美元 40 美分。"

那位售票小姐开着玩笑说："哎呀，先生，你的口袋里是不是带了很多的钱啊？你只要告诉我较大的男孩 6 岁，就可以替自己省下 40 美分了。我又看不出他们有什么差别，别人也不会知道的。"

路易斯回答："你说得没错，虽然我可以省下 40 美分，但是 7 岁的大儿子和 3 岁的小儿子知道应该再多买一张票。"

说谎是一种不可饶恕的行为，它能毒化人的思想，破坏人们相互之间的信任，损害集体的团结，以致最后攻击人自身的生命力。人之所以为人，人与人之间之所以能和睦相处，全在于人与人之间的诚实。

第3堂

梦想：
天才飞翔的翅膀

我在看埃及地图

> 世界很大，我们用一生的精力都不能跑遍世界的每一个角落；世界很小，只要闭上眼睛，我们便可以把全世界存放在自己的心底深处。

卡尔从小就对旅游很感兴趣，他希望自己长大以后能够去世界各地旅游。有一次，他参加学校的比赛，获得了一本世界地图册。卡尔特别高兴，一有时间就拿出这本世界地图册来看。

一天，爸爸让卡尔帮忙看着炉子上的热水。卡尔一边看水，一边又拿出世界地图册开始看。刚好看到的是一张埃及地图，小卡尔完全沉浸在古老的埃及金字塔及神秘的传说中，他心想长大以后一定要去埃及看看。

正想得出神，一个耳光突然甩了过来，把他打得晕头转向。原来水早烧开了，沸腾的水把炉子都浇灭了。爸爸生气地指着卡尔问："你在干什么？"

卡尔委屈地说："我在看埃及地图！"

"火都熄了，看什么地图！"爸爸用力在卡尔的屁股上踢了一脚，把卡尔踢到火炉边，一脸嘲弄地说，"我毫不怀疑地认为，你这一辈子都不可能到那么远的地方去！"

卡尔看着满脸怒容的爸爸，呆住了："我这一生真的不可能去埃及吗？不！我的人生不要别人来决定。"

25年后，卡尔第一次出国去了埃及。他坐在金字塔前面的台阶上，给爸爸写了一封信："亲爱的爸爸，我现在正在埃及的金字塔前面给你写信。记得小时候，你踢了我一脚，说我不能到这么远的地方来，现在我就坐在这里给你写信……"

人一生要锁定一个奋斗的目标，不能被别人设定。只要坚持自己的目标并为之不懈努力，拿出把生命都可以豁出去的决心与勇气，便没有什么不能做到的事情。

我是州长

> 目标与动力成正比，目标越明确，产生的动力也就越大。

一位白人老师来到一所贫民小学给孩子们上课，他在这里看到的是打架、斗殴，以及因为贫穷带给人们的冷漠和自私。

他替这些活泼可爱的孩子可惜，实在不忍心看着他们在这样的环境中继续生活下去，便想出了一个绝妙的办法。他知道这里的人们非常迷信，于是就在课堂上给孩子们看起了手相。刚开始，这些孩子们都不愿意接近这位白人老师，后来抵不住好奇心，都想知道以后的自己会变成什么样的人物，因此都乐意到老师跟前让他看手相。

旁边的一个黑人小孩看到大家蠢蠢欲动，也按捺不住自己，最终也将手伸向了白人老师。白人老师认真地把这只黑乎乎的小手看了又看，"研究"了好半天然后才说道："你以后一定会是纽约州的州长。"

"这是真的？我会是一名州长？"黑人小孩有点不敢相信自己的耳朵。他疑惑地望着老师，但从此却在心里暗暗给自己定下了做一个州长的目标。

从那以后，黑人小孩开始改掉了自己身上的种种恶习，或许在他看来真正的一个州长就应该是这样的。一直以来，他心中当州长的念头从未有丝毫动摇，直到 51 岁那年，他真的登上了纽约州第 53 任州长的位置。

梦想可以改造一个人的思想，影响他的行动。如果你期望自己成为什么、是什么、得到什么，那么在你的意识中就会产生对自己的期望值，你会在日常行为中自觉不自觉地按照自己的期望值去指导自己的行动，使自己努力地朝这个方向发展。

一块石头的梦想

> 梦想的力量是伟大的，当一块平凡的石头有了梦想，它就可以筑起一座雄伟的城堡。

在法国的乡村，有一位尽职尽责的邮递员每天奔走于各个村庄，为人们传送邮件。有一天，他走在一条山路上不小心摔倒了，不经意发现脚下有一块奇特的石头，看着看着，他有些得意，最后他把那块石头放进了邮包里。

村子里的人们看到他的邮包里还有一块沉重的石头，都感到很奇怪："把它扔了吧，你还要走那么多路，这可是一个不小的负担。"

他取出那块石头晃了晃，得意地说："你们有谁见过这样美丽的石头？"

人们摇了摇头："这里到处都是这样的石头，你一辈子都捡不完的。"

他并没有因大家的不理解而放弃自己的想法，反而想用这些奇特的石头来建一座奇特的城堡。

此后，他开始了另外一种全新的生活。白天，他一边送信一边捡这些奇形怪状的石头；到了晚上，他就琢磨用这些石头来建城堡的问题。

所有的人都觉得他是疯了，这根本就是不可能的事。

二十多年以后，在他的住处出现了一座错落有致的城堡，可在当地人的眼里，他是在干一些如同小孩建筑沙堡一样的游戏。

20 世纪初，一位著名的旅行家路过这里发现了这座城堡，这里的风景和城堡的建造格局令他感叹不已，他为此写了一篇文章。文章刊出后，邮差和他的城堡就成了人们关注的焦点。现在，这个城堡已成为了法国最著名的风景旅游点。

在城堡入口处的一块石头上还刻着邮差的一句话："我想知道一块有了梦想的石头能走多远。"而这块石头就是邮差当年捡起的第一块石头。

奇迹总是在不经意间诞生的。就如一座神奇的城堡，邮差最初的想法是想知道一块石头拥有了梦想之后，在它的前面等待着它的是什么。正是梦想的力量才把成千上万块石头改造成了邮递员心目中神圣的理想殿堂。

给非洲孩子挖一口井

> 甘泉代表着的不仅仅是希望，还有一个小男孩的信念。正是因为他的信念而成就了一个梦想，并给人们带来了希望。

电视上正在播放非洲孩子因为没有水喝而渴死的报道，主持人在节目结束的时候呼吁大家："只要捐上 70 美元就能给这些非洲孩子挖出一口水井，请大家热心地帮助这些可怜的人吧!"电视机前的小男孩看到这里伤心地哭了，他拉着妈妈的手央求道:"妈妈，我要捐 70 美元给非洲的孩子挖一口井。"面对他的请求，妈妈根本就没当回事，小男孩只好沮丧地走开了。可是一整天，他脑子里都在想着这一件事。

晚饭时，小男孩又向爸爸妈妈提起了这件事。"不，"妈妈说，"光是 70 美元并不能解决问题。况且你也是个孩子，你没有这个能力!"小男孩把求助的目光投向了爸爸。

"这是个可笑的想法，我的孩子……"爸爸还想说下去，小男孩哭着叫道:"你们根本就不明白! 那里的人们没有干净的水喝，孩子们正在死去，他们需要这笔钱!"

小男孩每天都要向父母请求，小男孩的爸爸妈妈不得不认真地讨论这件事，然后，他们告诉小男孩:"如果你真的想要，你可以通过自己的劳动凑齐这一笔钱，比如打扫房间、清理垃圾，我们会给你报酬的。"

小男孩的第一份"工作"就是帮助妈妈打扫客厅的卫生，最后，他从妈妈那里得到了 2 美元。

小男孩的爷爷知道了这件事情之后，有些心疼自己的孙子，就对孩子的爸爸说:"你们为什么不直接给他这一笔钱呢? 还要这样来对待自己的孩子?"小男孩的爸爸说:"这样做主要是锻炼他的劳动能力。他很快就会厌烦的。"妈妈也附和道:"一个 6 岁小孩的想法太可笑了，简直不可思议……谁会认真对待这种胡思乱想呢?"

可一年过去了，小男孩非但没有放弃，反而干得更加卖力了。每当爸爸妈妈劝他放弃时，小男孩就说:"我一定要赚到足够的钱，为非洲的孩子挖一口水井!"

附近居住的人知道了小男孩的梦想，他们被小男孩的执着感动了，纷纷帮助他。不久，小男孩的故事上了报纸和电视台，他的名字也传遍了整个国家。

一个月后，在小男孩家的邮筒里出现了一封陌生的来信，里面有一张 30 万美元的支票，还有一张便条:"但愿我可以为你和非洲的孩子们做得更多。"

在不到两月的时间里，就有上千万元的汇款汇来支持小男孩实现梦想。四年过去了，这个梦想竟成了有上万人参加的一项事业。如今，他的梦想已基本实现，在缺水最严重的非洲乌干达地区，有 56% 的人能够喝上纯净的井水。

有人问他："你为什么要这样做呢？"小男孩说："这是我的梦想，我坚信这个世界上没什么事情是不可能的，只要你想做，你就能成功！"

人活着，首先应该给自己一个梦想。有些人不能成功就是因为他们过分地夸大了自己与成功的距离，自己给自己的前进之路设置了障碍，连一个想法都不曾拥有过，最后就把自己隔离在了成功的大门之外。其实，只要你敢想，至少就离成功又近了一步。

让我飞给你看

> 像鸟儿一样飞翔一直是人类追求的梦想，虽然没有翅膀，但有了梦想也就拥有了飞翔的力量。

山坡上，父亲正带着两个儿子放羊。这时，天上飞过一只老鹰。

小儿子问父亲："老鹰为什么会飞得那么高呢？"

"因为它有一双强健的翅膀。"父亲回答。

"要是我们也能像老鹰一样飞起来就好了，那我就要比老鹰飞得还要高。"大儿子看着在天上翱翔的老鹰，一脸的羡慕。

"做只会飞的老鹰多好啊！可以飞到自己想去的地方，那样就不用放羊了。"小儿子眨着眼睛，满脸的陶醉。

父亲想了一下，然后对儿子们说："如果你们想，你们也会飞起来的。"两个儿子兴奋地试了试，但并没有飞起来。

"让我飞给你们看吧。"父亲一边说一边展开双臂做飞翔的动作，但也没有飞起来。"可能是因为我的年纪大了才飞不起来，你们还小，只要不断努力，就一定能飞起来。"父亲这样对他的两个孩子说。

后来，孩子们怀着飞翔的梦想长大了，通过努力他们终于飞上了天——他们就是造出飞机的莱特兄弟。

梦想就像是一颗种子，只要在小的时候把它种入土里，细心地呵护它，用辛勤的汗水浇灌它，它就能在阳光春风中发芽、开花并茁壮成长，最后结出丰硕的果实。所以，在年少的时候别忘了播种你的梦想。

山本的英语成绩

> 梦想犹如一株幼苗，除了阳光的温暖以外，还需要细心的照料与呵护。

在一堂作文课上，孩子们正在大声地讨论自己的梦想。有的想当医生，有的想当作家，大家说了很多很多。这时候，有一个叫山本的孩子站起来大声地对老师说："我想做比尔·盖茨第二!"有人在下面小声嘀咕："能做到吗?"

回到家里，山本开始正式跟父亲谈起了自己的理想，一副信心十足的样子。这个时候，父亲也非常乐意做个忠实的听众，跟孩子一起分享他对未来的憧憬。听着听着，父亲最后也被他感动了。

有一次山本的英语考试只得了59分，回家后他不敢把试卷拿出来。父亲知道后并没有责备他。但是，在很长一段时间里，山本不再谈论自己的那一个理想了。

于是，每天睡觉前，父亲跟孩子一起躺在床上谈彼此的梦想。父亲告诉儿子，爸爸、妈妈都为他拥有这样的梦想而自豪，也相信他一定会实现自己的梦想。有一天，山本对父亲说："我一定要把英语学好，比尔·盖茨第二的英语可不是蒙人的。"

后来，父亲给他买来英语课外读物，经常跟他一起阅读，并鼓励他每天用英语写一篇短小的作文。坚持了一段时间后，山本的期末英语考试终于得了满分。

在人生的路途上，有很多东西可以舍弃掉，唯独梦想不能放弃，放弃了梦想就等于放弃了希望。没有了希望，没有了目标，就等于把一个人放在了一片没有生命力的荒原上，没有阳光，更没有指明前进方向的指路灯，那将是一件多么可怕的事情。

乞丐的三个愿望

愿望是美好的，但是再美好的愿望如果不付诸行动，不去努力，只想着不劳而获，那就只能满足现状了！

贫民窟里住着一个老乞丐，他每天站在街口乞讨，到了晚上总免不了向上帝祈祷，希望他的诚心能够感动上帝，创造奇迹让他发财。

一天，当他祈祷完毕，抬头一看，竟然有一位天使站在眼前。天使对他说："上帝被你的虔诚打动了，他可以帮助你实现三个愿望。"

老乞丐心中大喜，立刻许下了第一个愿望：要变成一个有钱人。刹那间，他就置身于一座豪华的大宅院中，身边有无数的金银财宝。接着老乞丐马上又向天使许下了第二个愿望：希望自己能年轻 50 岁。果然，一阵轻烟过后，老乞丐变成了 20 岁的年轻小伙子。这时，他兴奋到了极点，说出了第三个愿望：一辈子不需要工作。

天使点了点头，他立刻又变回了那位老乞丐。

乞丐奇怪地叫道："这是为什么？天使，你是不是弄错了？"

天使的声音从天边遥遥地传了过来："工作是上帝给你最大的祝福。想一想，如果你整天无所事事，那是多么可怕的一件事！只有投入工作，你才有生命的活力。现在你把上帝给你的最大的恩赐放弃了，当然就一无所有了！"

愿望不是空想，关键在于行动。如果只是一味地想着去得到什么东西，却没有实际行动，不愿努力与勤奋，那就什么都不会得到。成功是需要付出的，只有付出才会有收获。付出多少，就会得到多少，这是一种最公平的劳动。

第 4 堂

智慧：
成功之门的钥匙

会讲笑话的垃圾桶

> 即使你很成功地模仿了一个有天才的人，你也缺乏他的独创精神。

俄国一座城市的居民有个坏习惯，他们从不把垃圾好好地倒进垃圾桶，而是很随意地到处乱扔，弄得整个城市一片混乱。

为此，政府专门成立了环境整治部门，甚至强制进行罚款，可是，收效甚微，街道上还是到处都是垃圾。连卫生局局长都为此感到十分气恼，可又无能为力。

这天，一个小伙子主动走进卫生局局长的办公室，献上了一条妙计……

没过几天，城里的居民发现街道上的垃圾桶突然会说话了，并且是讲很好笑的笑话。当人们把垃圾扔进垃圾桶里时，就能听到里面讲笑话。小孩儿们更是爱到垃圾桶那儿倒垃圾，不仅自己笑得肚子疼，还会把笑话讲给其他小朋友听。这样一来，居民们都喜欢把垃圾扔进垃圾桶里了，街道卫生状况得到了彻底改变。时间长了，这个城市居然变成了一座美丽的花园城市。

原来，那位小伙子设计了一种电动垃圾桶，桶上装有感应器，垃圾被丢进桶里，感应器就会启动录音机，播放事先录好的不同的笑话。

世界上的每一把锁必有一把配对的钥匙，只有找对了钥匙才能打开这一把锁。所以在分析问题时，必须找到问题的症结所在，抓住最实质的东西，有针对性地考虑问题，难题才能迎刃而解。

爱迪生的房门

聪明的人所做的聪明事，就是用最好的办法去追求最好的目标。

爱迪生一生发明了很多东西，可是，来过这位发明大王家的客人，都会对进门要推一扇异常笨重的房门而感到苦恼。一位客人忍不住向爱迪生抱怨说："我几乎要使出全身力气才能推开那扇房门。真不明白，像您这样的发明大王，为什么不能设计出一扇轻便灵巧的房门来？"

"谁说我的房门不是一项伟大的发明？"爱迪生边说边领着客人去察看藏在那扇门后的设计。原来，这扇门是与一个家用压水泵连接在一起的。为此，每个进屋的人，每次都将给爱迪生家的蓄水池里压上来20千克的水。

客人看着蓄水池里已经蓄满的水，惊呆了：爱迪生真不愧是一个伟大的发明家。

聪明人总是喜欢做一些聪明事。他不会在你面前炫耀自己的聪明，而是让你慢慢去琢磨、去思索，等到最后才让你眼前豁然一亮，这时，你不得不对他佩服得五体投地。这正是聪明人的高明之处。

联合国的价值

真正的智慧是知道那些最值得知道的事，去做那些最值得做的事。

二战结束后，以美苏英法为首的战胜国准备在美国纽约成立一个协调处理世界事务的联合国，但他们没钱兴建联合国大厦。

当时，刚刚成立的联合国机构身无分文。如果让世界各国筹资，负面影响太大。况且刚刚经历了二战的浩劫，各国政府都财库空虚，在寸金寸土的纽约筹资买下一块地皮，并不是一件容易的事情。联合国对此一筹莫展。

听到这一消息后，美国著名的洛克菲勒家族马上果断出巨资，在纽约买下一块地皮，把它无条件地赠予了联合国。同时，洛克菲勒家族将毗连这块地皮的大面积地皮也全部买了下来。

对洛克菲勒家族的这一出人意料之举，当时许多美国大财团都吃惊不已。这是一笔不小的数目，而洛克菲勒家族却将它拱手赠出了，并且什么条件也没有。大家纷纷嘲笑："这简直是蠢人之举！这样经营不出10年，著名的洛克菲勒家族财团便会沦落为著名的洛克菲勒家族贫民集团！"

但出人意料的是，联合国大楼刚刚建成完工，它四周的地价便立刻飙升起来，相当于捐赠款数十倍、近百倍的巨额财富源源不尽地涌进了洛克菲勒家族财团。这种结局，让那些自称为明智的财团和商人们纷纷目瞪口呆。

对于眼前已经发生了的事情，任何人都分得清轻重，知道去做一些值得做的事情。可要想把握住还未发生的情况，并能从中找到机会，知道哪些事情该做，哪些事情值得做，就需要智者的头脑和眼光了。一旦把握住了这样的机会，你就把握住了成功，把握住了财富。

59

大卫的鼻子

> **生活中最有用的东西是自己的经验。**

意大利雕塑家米开朗琪罗创造了世界上最伟大的雕像作品《大卫》。这里面还有一段颇有意味的插曲。

在米开朗琪罗刚雕好大卫像的时候，主管这件事的官员跑去看，竟然觉得不满意。米开朗琪罗问他："有什么地方不对吗？"

"鼻子太大了！"官员说。

"是吗？"米开朗琪罗站在雕像前面看了看，好像也赞同他的观点，大叫道，"可不是吗！鼻子大了一点，没关系，我马上改，等一会儿绝对让您满意。"说着他便拿起工具爬上架子，叮叮当当地修饰起来。

过了一会儿，米开朗琪罗就修好了雕像，他请官员到架子上去检查："您看，现在可以了吧！"官员爬上架子看了看，高兴地说："好极了！这样才对啊！"

后来，朋友问他："我觉得你雕刻得很好啊，为什么他说不好，你就马上修改？艺术家应该坚持自己的原则，无论任何时候都不要妥协。"米开朗琪罗听后笑了："我刚才只是到上面做做样子，其实我根本没有改动原来的雕刻，只是官员自己的错觉而已。"

对付自以为是的人，千万不要用是非的标准来与他争论是非，否则你非但说服不了他，反而还会让自己更加不痛快。唯一的解决方法就是糊弄一下他，因为他的自以为是本身就是在糊弄自己，除了自己，他不会把别人放在眼里。

阿基米德的神力

> 真正高明的人，是那些能够借助别人的力量，来使自己变得更加高明的人。

公元前 218 年，罗马人进攻古希腊的叙拉古城。当时这城里的强壮男人都被派到前线作战去了，只留下了少数的士兵，形势万分危急。

指挥官心急如焚，束手无策。这时，有人建议说："城里有位很有名望的智者，他常常能想出别人想不到的办法来解决难题，我们何不请他来退敌？"指挥官一拍脑袋："对啊，我怎么就没有想到他呢？快，快去把阿基米德请来！"

阿基米德一时也想不到什么办法，他急得在自家院子里走来走去。这时，火红的太阳高挂在天上，阿基米德抬起头，太阳强烈的光线刺痛了他的眼睛。他看了一会儿，突然灵机一动，有了主意。

他马上赶到城楼，向指挥官建议："快，让全城的妇女每人带一面镜子，全部集中到城楼上来。"指挥官听了，很是纳闷，可是看到阿基米德自信的神情，还是照办了。为了全城人的安危，也只有把希望寄托在阿基米德身上了。

过了一会儿，全城的妇女全都奉命上了城楼，她们带来了大大小小、各式各样的镜子。这个时候，阿基米德俨然成了军事总指挥，面对越来越近的敌船，他右手指着海上的敌船，大声说道："到时候举起你们手中的镜子，目标对准船上的帆，要一起行动！"

敌船靠得很近了，阿基米德命令道："瞄准那艘最前面的指挥船，开始！"顿时，全体妇女们同时举起了手中的镜子，刷地向敌船直射过去。

这时，奇迹出现了，上万面镜子，将太阳光反射到敌船的帆上，巨大的热量立即引燃了船帆，火借风势，整个敌船立即被大火包围了起来……

就这样，阿基米德带着全城妇女解除了敌人的威胁。

外力总是让不可想象的事变成现实，借助外力在我们的生活中已无处不在。善于借助外力，利用一切可利用的资源，把事情做得更加完美，这是最明智的行为。人的成长过程也要借助外力，善于借助外力，才能越行越远。

快速减肥

知道怎样能使一件事情做得更好，才能证明你是一个有才能的人。

一个公司规定自己的员工都要严格地控制体重，那些过于肥胖的人都知道，一旦老板发现他们大腹便便，肯定不会轻饶他们。有一次，一位员工被提拔了，老板安排好了要接见他。但是，这位员工发福得很厉害，一时又无法迅速除去这一身肥肉，按老板的规矩，一旦见了面，不罢免了他才怪呢！这位员工马上想到了一个快速减肥的好办法。

他先到街上买了一套衣服，号码比他平时穿的要大出许多，这样给人的假象就是他已经减下很多分量了。然后他穿着这身不合体的大衣服去见老板，一见面他就感谢老板提出的控制体重的要求，说这简直就是"救了他的命"。

老板听了他的话，又看他穿着一身大衣服，以为他原来可能更肥胖，自然不再计较他的胖瘦，还夸奖他服从了上司的命令。

就这样，他顺利地通过了老板的考核。

解决问题的办法有很多种。当你对眼前的处境一筹莫展、束手无策时，可以试着从另一个方面、另一个角度去考虑，不能被眼前约定俗成的条条框框束缚，要放开自己的思维，那么最终你一定可以找到解决问题的最佳办法。

思维：
通向真理的捷径

大科学家的逻辑

> 积累生活的经验，就要善于从生活中发现最本质的东西。

课堂上，爱因斯坦问了大家一个问题："两个烟囱工同时从烟囱里爬出，其中一个是干净的，另一个却满身煤灰。请问，他们中间的哪一个会去洗澡？"

一位学生说："当然是那位一身煤灰的工人会去洗澡！"

爱因斯坦说："是吗？请你们注意，干净的工人看见另一位满身煤灰，他觉得从烟囱里爬出来真是肮脏，而另一位看到对方很干净，就不这么想了。我现在再问你们，他们中的哪一个会去洗澡？"

有一位学生兴奋地叫了起来："噢！我知道了！干净的工人看到肮脏的工人时，觉得他自己必定也是很脏的。但是肮脏的工人看到干净的工人时，却觉得自己并不脏！一定是那位干净的工人跑去洗澡了。"

大家想了一下，都同意这种说法。

爱因斯坦摇了摇头："错了！他们同时从烟囱里爬出来，怎么可能一个是干净的，另一个却是脏的呢？这就叫逻辑。"

将一半时间用于思索，一半时间用于行动，这无疑是"天才"的成功之道。不懂得运用思索的人，是难以开掘出丰富的智慧矿藏的。不善于思考的人就不能举一反三，触类旁通，享受创新的乐趣。赢得一切、拥抱成功的关键，正在于你能不能积极地思考、持续地思考、科学地思考。

最重的门

在人生的道路上，每一扇门都应该去推一推，即使发现它推不开，那也是一种人生的成功。

国王想从大臣中选一个聪明的人担任自己的宰相，就想了一个考验大家的办法。他把臣子们领到一扇奇大无比的门前说："这是王宫中最大的门，也是最重的门。你们当中谁能把它打开谁就可以成为我的宰相。"

大臣们都知道，这扇门过去从没被打开过，所以，他们认为这门肯定是打不开的。于是，一些大臣望着门不住地摇头；另一些人则装腔作势地走上前去看一阵，但并不动手，因为他们不想当众出丑；还有人甚至猜想，国王或许另有用意，所以，静观其变才是最稳妥的态度。

这时，有一位年轻大臣向大门走了过去，只见他双手猛力向大门推去，门豁然被打开了。原来，这扇门本来就是虚掩着的，没有锁也没有插栓，任何人都能轻易地推开它。

于是，年轻大臣成了国王的宰相。

一些人认为，成功需要很多的条件，比如说才能、机遇和别人的帮助。其实成功很简单，只要你有想法和勇气就行。

许多成功人士在没有成功以前也和我们一样普通，不同的是他们比我们更具有冒险精神而已。他们只要想好了，就会毫不犹豫地付诸行动。有敢于一试的勇气可以解决许多问题。

最早的牛皮鞋

只有打破固有的思维模式才能前进。

有一位国王去乡下游玩，乡间的路面上有很多碎石头，刺得国王的脚又痛又麻。

他马上下了一道命令：将国内所有道路都铺上一层牛皮。他认为这样做，不只是为自己，还可以造福于他的子民，让大家走路时不再受刺痛之苦。

但是杀尽国内所有的牛，也筹集不到足够的皮革。而所花费的金钱、动用的人力，更不知有多少。但这是国王的命令，大家一时不知如何是好。

一位大臣大胆向国王提出建议："国王啊！为什么您要牺牲那么多牛、花费那么多金钱呢？您何不割两小片牛皮包住您的脚呢？大家都可以照您这样做啊！"

国王听了觉得很有道理。于是，最早的牛皮鞋被发明了。

思考是创造的前提。人的思维具有巨大的能量，任何创新的成果都是思考的馈赠。人世间最美妙绝伦的东西就是思维的火花。因此，潜心思考总为成功人士所钟爱。

心理测试题

> 一个具有天才性格的人，绝对不会遵循一般人的思维和途径。

一家大报纸上刊登了一个有趣的心理测试题，向大家诚征答案：

"假如在一个暴风雨的晚上，你开着一辆豪华轿车经过一个车站。在车站里，有三个人正在焦急地等着公共汽车的到来：一个是快要病死的老人，生命危在旦夕；一个是医生，他曾救过你的命，是你的恩人，你做梦都想报答他；还有一个是你一见倾心的异性，如果错过了，你一辈子都会后悔。但你的车只能坐一个人。你会如何选择？请解释一下你的理由。你可以做出自己的决定，没有人会责备你。不过，当你做出一个决定后，自省一下：我这样做是最好的吗？"

大家都在议论这个测试题。

老人快要死了，应该首先救他。然而，每个老人最后都只能把死作为人生的终点，他们怎么也逃不过死亡的追赶。

先让那个医生上车吧，因为他救过自己，这应该是报答他的一个好机会。不过也可以在将来某个时候去报答他，也许他会有更需要报答的时候。

应该先把一见钟情的异性带走，否则会终生遗憾。

报社里像山一样堆满了许多读者回复的信件，可只有一封信的答案是最完美的："把车钥匙给医生，让他带着老人去医院，我留下来陪伴一见钟情的人等候公共汽车！"

思维是一种心灵上的自由。有了心灵的自由，思想的骏马才能在辽阔的原野上驰骋，创造的苍鹰才能翱翔在万里长空。所以，打破常规性思维，不被习惯、传统束缚，是成功不可缺少的前提。

猎狗的目标

> **对事物的观察只有更加专注，我们的思考才能更加深刻。**

有一位母亲给自己的女儿讲了一个故事：

有两只猎狗追赶一只小白兔，小白兔钻进了一个树洞。

树洞只有一个出口，可不一会儿，居然从树洞里钻出了一只小猪。小猪飞快地向前奔跑，并爬上了另一棵大树。

小猪躲在树上，仓皇中没站稳，掉了下来，砸晕了正仰头观望的两只猎狗。小猪终于逃脱了。

讲完后，母亲问："这个故事有什么问题吗？"

女儿说："小猪不会爬树。还有，一只小猪不可能同时砸晕两只猎狗。况且，小猪怎么能跑得过猎狗？"

"还有呢？"母亲继续问。

女儿说不出什么了，这时，母亲才笑着说："你知道小白兔到哪儿去了吗？"

小白兔哪里去了？母亲的一句话，让女儿明白过来：因为小猪的出现，自己注意力被转移了，竟然把最关键的小白兔给忘了。

要想学会思考必须有一种专注的精神，只有这样才能心无杂念地潜心于对一个问题的深入研究、分析，了解事物最本质的东西。只有专注，才能让我们的思维变得更加深刻。

一万个灯泡的功效

> 真正具有深度思维的人会不断自我地深化，就如一个潜水者一样直达成功的深处，抵达价值的核心所在。

松下幸之助早年曾在一家电灯公司工作。他对电灯泡着了迷，后来创建了松下电器公司。不巧公司成立之初，恰遇经济危机，市场疲软。怎样才能使公司摆脱困境转危为安呢？松下幸之助权衡再三，决定拿出一万个电灯泡作为宣传之用，借以打开灯泡的销路。

灯泡必须备有电源，方能起作用。为此，松下亲自前往拜访一家灯泡公司的董事长，希望双方合作进行产品的宣传，并免费赠送一万个干电池。对方听了此言，不禁大吃一惊，因为这显然是一种违背常理的冒险。但松下诚挚、果敢的态度感动了董事长，他终于答应了松下的请求。松下公司的电灯泡搭配上干电池，发挥了最佳的宣传效用。很快，电灯泡的销路直线上升，干电池的订单也雪片般飞来。

从此，松下电器公司名声大振，一步步走上了辉煌之路。

思维的结果是付诸行动。每一个人做事时都很容易自我否定，在自己的想法产生时便否定它存在的价值，这时，不要担心失败，真正应该担心的是你因为害怕失败而不敢放手一搏的心态。因此，在面对新的挑战时，任何希望都不能放弃，哪怕只有千分之一的可行性也要动手去做。

玩具鉴赏家

> 对于一个人来说，如果能打破常规，用另外一种眼光去寻求
> 发展，其成绩往往会是惊人的。

小玛丽出生在一个贫穷的家庭。5 岁时，有一天她随妈妈到玩具店里找
一个朋友，当时她看着玩具久久不肯离去。旁边的店主被她的神情吸引了，
就问她："你喜欢这些玩具吗？"她回答道："有些玩具我不喜欢。"然后她便逐
一数落起这些玩具的缺点来。店主感到这是一个与众不同的小女孩，于是把
她带到家里，将各种玩具摆在她的面前，征求她的意见。

小玛丽的意见说得那么准确、那么切中要害，店主十分高兴地聘请她当
自己公司的设计顾问，并与她签订了一项长期合同。

店主在谈到为什么聘请小玛丽做公司的顾问时说了这么一番话："所有
的玩具设计师都有一个通病，那就是他们早已成为成年人，失去了直接反应
的能力，眼光陈旧，缺乏激情。"此后，经小玛丽鉴别过的玩具给公司带来了
丰厚的利润。

在通常情况下，人们按照自己的常规思路，在经历了千万次的努
力后还是没有取得成功。而有些时候，人们取得成功却全不费工夫，
这种突然而至的成功中，往往包含着意想不到的创造性。所以，当你
处于山穷水尽的境况时，不妨打破常规，这样你才有可能找到成功的
方向。

最痛苦的惩罚

> 人有两种能力是很难得的：一是思考的能力，二是按事情轻重处理的能力。

学徒工偷了店铺里的一袋钱被发现了，店主提出了三种处罚的方式让他自己选择：第一种是罚款 200 元；第二种是在树上吊一个时辰；第三种是吃 100 个辣椒。

学徒工想，还是吃辣椒合算，既不破财，也不痛苦。于是他选择了第三种。他开始吃辣椒，刚吃了几个感觉还勉强可以忍受，当他吃到第 20 个时，他感觉到嘴里火辣辣的痛，心里像烧着一团火，难受极了。他又勉强吃了 5 个，实在受不了了，便跪在地上哀求店主说："我再也不吃这要命的辣椒了，你还是把我吊起来算了。"

他被一条结实的绳子吊了起来，不到五分钟，他就感觉头晕目眩，绳子勒进了肉里，浑身像是被砍了下来一样，痛得他大声叫起来。他高声地叫道："快放我下来，我要选择第一种方式，我情愿被罚 200 元钱。"

我们在处理事情的时候，首先要学会思考，善于从事情中抓住最重要的东西，分清轻重缓急，弄清楚之后再动手去做。如果鲁莽从事，到头来只会弄得自己苦不堪言，承受更加严重的后果。

凭头脑战胜对手

> **只有敢于打破常规的人，才能找到通向成功的捷径。**

1984 年，在东京国际马拉松邀请赛中，名不见经传的日本选手夺取了世界冠军。大家哗然，他只说了一句话："凭头脑战胜对手。"

当时许多人都认为这个小个子选手是在故弄玄虚。马拉松是考验体力和耐力的运动，只要身体素质好又有耐性就有望夺冠，爆发力和速度都还在其次，说是用头脑取胜确实有点勉强。

两年后，意大利马拉松邀请赛在北部城市米兰举行，这个日本选手又获得了世界冠军。

记者请他谈经验，这个日本选手回答的仍是上次那句话："用头脑战胜对手。"

几年后，大家终于明白了这一句话的真正含义。

这个日本选手出了一本自传，他在书中提到："每次比赛前，我都要乘车把比赛线路仔细看一遍，并把沿途比较醒目的标志画下来。比如第一个标志是银行，第二个标志是一棵大树，第三个标志是一所红房子……这样一直画到赛程的终点。

"比赛开始后，我就以百米速度奋力向第一个目标冲去。40 多公里的赛程，就这么被我分解成几个小目标轻松地跑完了。

"开始，我总是把我的目标定在终点线的那面旗帜上。结果跑到一半时，我就累垮了——我已经被前面那段遥远的路程吓倒了。"

一个人最大的对手不是来自外界，而是来自自己的内心。人最大的敌人就是自己，能够战胜自己内心的人，往往能取得最后的胜利。而要战胜自己，首先就要战胜心中的意念，抛掉不利的想法，这样才能够一路风雨无阻。

最完美的答案

世界上最强大的人，就是最有独立精神的人。

老师给同学们出了一道题目："公园的树上有八只鸟，开枪打死一只，还剩几只？"

孩子们觉得这是一个简单的问题，都抢着说答案。老师看见只有威廉没有吭声，他一直安静地坐在那里思考。

老师问："威廉，你觉得是几只呢？"

威廉反问了一句："在公园里打鸟不是犯法的吗？"

老师说："我们假设不犯法。"

"打枪人使用的是无声手枪吗？"

"不是。"

"枪声有多大？"

"80~100 分贝。"老师有点摸不着头脑，"这些问题跟还剩几只鸟有关吗？"

"是的。"威廉继续问道，"您确定那只鸟真的被打死啦？"

"确定。你告诉我还剩几只鸟就行了。"

"我还想问一句，树上有没有关在笼子里的鸟？"

"没有。"

"还有没有其他的树，旁边的树上有鸟吗？"

"没有，只有这一棵树。"

"有没有残疾的或饿得飞不动的鸟？"

"没有。"

"鸟里边有没有聋子，听不到枪声的？"

"没有。"

"有没有傻得不怕死的？"

"都怕死。"

老师忍不住了问："威廉你到底知不知道答案？"

"还有最后一个问题，老师，算不算怀孕的小鸟？"

"不算。"

"哦，如果您的回答没有骗人，打鸟人的眼也没有花，"威廉自信地说，"打死的鸟要是挂在树上没摔下来，那么就剩一只，如果掉下来，就一只不剩了。"

老师和同学们听了这话，目瞪口呆，一片沉寂。

人的创意具有了不起的能量。任何创意的结果，都是思考的馈赠。人世间最美妙绝伦的东西就是思维的花朵。思索是才能的钻探机，是创造的前提。因此，独立思考是成功人士所必备的特质。

73

创意：
撞击智慧的火花

自由女神像下的垃圾

> 踩着别人脚步走路的人，永远不会留下自己成功的脚印。

有位犹太人带着儿子到美国做生意。一天，父亲问儿子一磅铜的价格是多少？儿子答说是40美分。父亲说："对，整个美国都知道每磅铜的价格是40美分，但作为犹太人的儿子，你应该说4美元。你试着把一磅铜做成门把手看看。"

十年后，父亲死了，儿子独自经营铜器店，他曾把一磅铜卖到了4000美元，这时他已是一家公司的董事长了。

1974年，美国政府为清理给自由女神像翻新扔下的废料，向社会广泛招标。但好几个月过去了，没人应标。他听说后，看了看自由女神像下堆积如山的铜块、螺丝和木料，未提任何条件就签了字。

当时不少人觉得他的这一举动不可思议。因为在美国处理垃圾有严格的规定，弄不好会受到环保组织的起诉。

然而他却开始组织工人对废料进行分类。他让人把废铜熔化，铸成小自由女神像，把木头加工成木座，废铅、废铝做成纽约广场的钥匙。最后，他甚至把从自由女神像身上扫下的灰尘都包装起来，出售给花店。

不到一个月时间，他把这堆废料变成了400万美金，每磅铜的价格整整翻了上万倍。

要想成功，必须要有创意，在创意中成功，靠创意持续成功。只有拥有与别人不一样的想法才能脱颖而出，才能超越自己，超越对手，从竞争中脱颖而出。

受伤的苹果

> 创新是成功的生命力所在，它如新鲜的血液一样源源不断地补充成功的动力。

一场大冰雹把农场主的苹果打得伤痕累累。苹果卖不出去，农场主就要濒临破产，即使这样的苹果卖出去了也很有可能被退货。在农场主为此郁闷时，他随手拿起一个苹果猛啃了起来。谁料，一口下去，他脸上却乐开了花。原来他发现那些苹果是那样的脆甜可口，比以往的苹果要好吃得多。

于是，农场主和往年一样，把苹果包装好，并在里面加了一张精美的小卡片："尊敬的顾客朋友，由于天灾，使得这些苹果表面上有些伤痕，但请您不要介意，因为这些苹果在经受住了高原冰雹的考验后，变得香脆可口，同时也富含了更多独特的高原风味。"

有些人以为所有的创意都出自于伟大科学家的头脑，其实不然。事实上，很多的创意都出自普通人的头脑，只要你在生活中遇到麻烦或者难题时不绕开它，那么你就有可能抓住创新的机遇，再从不同的角度进行思考，就能迎来辉煌的成果。

黑人化妆品

真正有才能的人会摸索出适合自己的道路。

一家公司的总经理性情暴躁，总是喜欢无故朝下属发脾气。

有一天，黑人推销员乔治再也忍不住了："够了！总经理先生，我现在就辞职，我会过得比现在更好！"总经理冷笑着说："好吧，我倒要看看，你将如何度过自己凄惨的后半生！"

乔治靠自己仅有的 200 美元招了三名工人，就在原公司的对面租了一间房子，挂出了"黑人化妆品公司"的牌子。

乔治知道自己的公司无论在财力、人力、物力及势力上都无法与原公司相比，于是他集中精力研制了一种粉质雪花膏。在推销该产品时，他在广告宣传中说："当你用过某某化妆品之后，再擦上一层乔治的粉质膏，将会收到意想不到的效果。"同事们认为这在无形之中替原公司做了广告，乔治却说："就是因为他们公司的名气大，我们才这样说。打个比方，现在很少人知道我叫乔治，可如果我想办法站到美国总统身边的话，我的名字马上就会世人皆知。推销化妆品也是这个道理。在黑人社会中，他们的化妆品已久负盛名，如果我们的产品能和它的名字一同出现，明着是捧原来的公司，实际上却抬高了我们自己的身价。"这一宣传策略果然很灵验，消费者自然而然地接受了乔治公司的产品，乔治公司的市场被迅速打开了。

因为粉质雪花膏销路一路递增，乔治公司的名字也逐渐被消费者所熟悉，乔治便借此时机，在原公司失去戒备的情况下，接连推出了几种系列产品。

现在，乔治公司的化妆品已独霸了美国的黑人化妆品市场，而原来那家大公司则完全被挤出了市场。

突破是创新的核心。创新不是对过去的简单重复和再现，它没有现成的经验可借鉴，也没有现成的方法可套用，它是在没有任何借鉴的情况下去努力探索。因此，一个想具有创新思维能力的人，首先应有敢于探索的勇气。

十万大奖

一切都没有重复，一切都是独一无二的。

减肥中心自从开张以来没有一点生意，在资金不足的情况下，又不能像大型减肥美容公司一般做电视、报纸广告。女老板眼看着每日如流水般的各项支出，却见不着有多少进账可以平衡这些开销，急得不知怎么办才好。

忽然一个念头跃进了她的脑海里。

隔了两个星期，报纸上登了一则广告："在本减肥中心的大门口，您绝对见不到一个胖子走出来，如发现有胖子由大门走出者，中心赠奖金十万元。"

此广告不仅被登在报纸上，而且还被登在宣传单上四处散发。这个奇特的广告吸引了许多群众围观。人们发现，每天从减肥中心大门走出来的果然都是瘦个子，见不到一个胖子。

有几个胖子心想："我这就进去，再马上走出来，看你有什么话说。"但是，即使有人故意找碴儿，还是不见一个胖子由大门出来，这是怎么一回事呢？

原来女老板把大门改装成了两个不同的出入口。外面看起来这两个出入口的大小形状都一样，可是，她特别在出口的内层，加装了两道很粗的钢管，人必须侧身由这两道钢管的中间通过，才能抵达出口大门。而空隙只容得下一个侧过身的瘦子穿过去。

那么胖子怎么办呢？当然只能由减肥中心后面的小门走出去！

人们在门口看不到胖子，必定好奇地进入里面，当他想出来时，能走出来的瘦子自然得意，而必须走后门的那些富态一点的人就会愧疚地想："哇！不得了了，我被列入了胖子群，该减肥了！"于是胖点儿的人就不由自主地坐下来听宣传人员的解说了。

减肥中心从此生意好得应接不暇。

一切创意活动都是以创新思维为先导，并且伴随着创新思维而推动创新实践活动的。面对日新月异的信息时代，只有创新才能在激烈的竞争中立于不败之地，才能不断地延伸成功，才能更好地生存与发展，才能在创业的道路上走得更远。

美容店的免费广告

个性就是差别，差别就是创新，创新就是成功。

黛娜贷款在市中心公园开了一家小美容店，开始了自己的创业之路。

美容小店艰难地起步了，在花花绿绿的现代社会里黛娜的美容小店并不起眼，而且尤为糟糕的是在黛娜的预算中，根本没有广告宣传费的开支。正当黛娜为此烦恼时，她收到了一封律师来函。这位律师受两家殡仪馆的委托控告她，要求她要么不开业，要么就改变店外装饰。原因是美容小店花哨的店外装饰，破坏了附近殡仪馆庄严肃穆的气氛，从而影响了业主的生意。

黛娜灵机一动，打了一个匿名电话给一家有影响力的报纸，声称黑手党经营的殡仪馆正在恫吓一个手无缚鸡之力的可怜女人，这个女人只不过想开一家经营天然化妆品的美容小店维持生计而已。

这家报纸十分好奇，并在显著位置报道了这个新闻，不少富有同情心的读者都来美容小店安慰黛娜。由于舆论的作用，那位律师也没有再来找麻烦。

就这样，黛娜的美容小店广为人知，名声传开了。

然而不久，一切发生了戏剧性的变化，顾客渐少，生意日淡。

经过深刻的反思，黛娜发现，新奇感只能维持一时，不能维持一世。在她看来，美容店虽然别具风格，但给顾客的刺激还远远不够，需要进行宣传。

一个早晨，市民们去公园晨练，发现了一个奇怪的现象：一个古怪女人沿着街道往树叶上喷洒草莓香水。她就是黛娜——美容小店的女老板。

她的这些非常奇特且意外的举动，又一次上了报纸的版面。

后来，广告商热情洋溢地主动提出要为美容小店做广告。他们相信，美容小店一定会接受他们的热情，因为在美国，离开了广告，商家几乎寸步难行。

黛娜却拒绝了："对不起，小店的预算费用中没有广告费用这一项。"

美容小店离经叛道的做法，引得商界议论纷纷。要知道商家要想在商界立足，若无大量广告支持，无异于自杀。

敏感的新闻媒介没有漏掉这一奇闻，他们在客观报道的同时，还加以评论。大家也开始关注，觉得这家美容小店确实很怪。这实际上已起到了广告宣传的作用，黛娜并没有去刻意策划，但却节省了巨额的广告费。

到了后来，当美容小店的发展规模及影响已足以引起新闻界的瞩目时，黛娜更不再抱做广告的想法了。

黛娜就是依靠这一系列标新立异的做法，使最初的一间美容小店扩张成了跨国连锁美容集团。公司上市之后，她很快也步入了亿万富翁的行列。

每一个人身上都蕴藏着无限的创新潜力，问题是看你如何认识"我能创新"这一点。创新力的开发受后天的诱导，特别因本身努力的程度和方式不同而出现很大的差异，但只要认真培养与开发自己的创新力，就有可能收到意外的效果。

收藏家的惊喜

> 对一个人来说，真正重要的不是他的能力，而是他的想法，不同于常人的想法。

收藏家到乡下旅游。有一天，他来到了一家农舍前，突然眼睛一亮：他看见了一个非常别致的碟子！凭着对于古玩高超的鉴别能力，他立即看出这碟子是几世纪以前的好东西，价值极高。他看到乡下人对它的价值竟一无所知，居然拿这个碟子去喂养一只小猫。

收藏家抑制住自己心中的狂喜，与小猫的主人闲聊起来，并表示对这只小猫十分感兴趣，还编造了一个动听的故事。他说他的太太非常喜欢小动物，前不久因为一只小猫死去了，她伤心不已，而眼前的这只小猫，看上去太像他太太的那只小猫了。说着说着，他竟为自己的故事感动得热泪盈眶，连那位看起来木讷的乡下人也陪着他长吁短叹起来。

后来，他故意随口问了一句："您的小猫卖不卖呀？"

"当然卖了，"乡下人爽快地回答说，"既然你的太太喜欢小猫，我就卖给你吧！"收藏家非常激动，居然出了两倍的价钱买了这只小猫。最后，他故意试探性地问了一句："你一直是用这个碟子喂小猫的吧？就顺便把这个碟子送给我，怎么样？"收藏家心想，乡下人一定会同意的。没想到乡下人这时才露出灿烂的笑脸："对不起，我不能送给你，因为每天我都要靠它卖掉家里的小猫！"

一个平常的人，由平凡变聪明并不出人意料。他只不过是在别人尚不觉察的时候及时调整了自己的思考角度，改变了自己的思考和行为方式，并且积极地采取了行动。

80

全国最差的饭店

创新是一个人最大的需要和最大的成功。

　　有一家饭店，老板在门外摆了一个很大的酒桶，上面贴了一张红纸条："不可偷看！"路过的人见到酒桶上的这几个字，都禁不住好奇心的驱使，纷纷停下脚步想伸头去看一看。不看则已，一看他们就笑了，原来里面的桶壁上又写了一行字："不看白不看，本店有清纯的生啤酒免费赠送，请您尽情地享用。"人们自然忍不住要走进店里坐一坐，饭店自然也是生意兴隆。

　　还有一家饭店，一直默默无闻地经营着，生意比较萧条。有一天，老板灵机一动，在自家的门前挂起了一个大牌子，上面赫然写着几个大字："全国最差的饭店。"于是，大家都想要看一看，这全国最差的饭店究竟差到什么程度。可是，当人们来过以后才知道，这家饭店的饭菜色、香、味都是一流的。这样一传十、十传百，饭店的生意一下火了。

　　我们常常习惯于传统的思维方式，按照众人流行的惯性思维去思考，走着别人走过的路，干着别人干过的事。要知道成功总是靠创新取胜的，勇于走别人所没有走过的路，你才会采撷到丰硕的果实。敢为天下先，这才是创新者的精神风貌。

皇室的婚礼

> **会思考的人，会比常人收获更多。**

1981 年，英国王子查尔斯和黛安娜要在伦敦举行耗资 4 亿英镑的婚礼。

消息传开，全世界都轰动了，许多人都想抓住机会狠狠地大捞一笔。有的在糖盒上印上王子和王妃的照片，有的把各式服装染印上王子和王妃结婚时的图案。

有一个商人想，人们最需要的东西才是最赚钱的东西，一定要找出人们在那一天最需要的东西。盛典之时，会有百万以上的人观看，将有一多半人由于距离远而无法一睹王妃尊容和典礼盛况。这些人那时最需要的应该是一副能使他们看清楚景物的望远镜。于是，他突击生产了几十万副用马粪纸和放大镜制成的简易望远镜。

那一天，正当成千上万的人，由于距离太远看不清王妃的丽容和典礼盛况，而急得毫无办法的时候，商人雇用的上千个卖望远镜的人出现在了人群之中，高声喊道："卖望远镜了，一英镑一个！请用一英镑看婚礼盛典！"顷刻间，几十万副望远镜被抢购一空。

结果，他成了这场皇室婚礼的最大受益者。

善于抓住机遇的人往往是最成功的人。机遇是来之不易的，错过了就再也没有第二次出现的可能了，而把握成功往往就在于抓住机遇的一刹那。抓住了就是财富，错过了只能遗憾。

与名人同名

> **一件本来没有希望成功的事，只要大胆地尝试，往往就会成功。**

饭店里的生意清淡，店主正拿着一张报纸看今日的娱乐头条。他发现那上面有自己喜欢的巨星，禁不住高兴地念叨了几句。突然，他觉得这名字有些奇怪，原来他的邻居中也有一个与巨星同名的人。他真不愧是一个精明的商人，脑子里马上冒出了一个主意。

他当即打电话给这位邻居，邀请他来参加店庆酒宴，并可以免费获得该饭店的双份晚餐，时间是本星期一晚上9点，欢迎他携夫人一起来。邻居高兴地同意了。

第二天，这家饭店门口贴出了一幅巨型海报，上面写着"欢迎本星期一光临本饭店"，并在后面嘉宾栏上写上了巨星的名字，海报引起了当地居民的骚动。

到了星期一，来客大增，创造了该饭店有史以来的最高纪录，大家都想看看巨星的风采。到了晚上9点，店里扩音器开始广播："各位女士、各位先生，××（巨星的名字）先生现光临本店，让我们一起欢迎他和他的夫人！"

霎时，餐厅内鸦雀无声，众人的目光一齐投向大门，谁知那儿竟站着一位典型的老农民，身旁还站着一位同他一样不起眼的夫人。人们开始一愣，当明白了这是怎么一回事之后，爆出了欢笑声。这种娱乐方式给当天晚上就餐的客人带来了快乐与新鲜感。

此后，店主人从电话簿上寻找一些与名人同名的人，请他们每周星期一来进晚餐，并出示海报告知顾客。从此，这家饭店名声传开了，生意异常火爆。

要想取得成功，就得有异于常人的思维，能用自己独特的眼光去捕捉各种有利的信息，做出不一般的事情，从而取得不一般的成功。成功者脑子里永远活跃着最有创意的想法，时刻准备跳出来。

最早的随身听

> 在做一件事情之前善于识别并把握机遇，实在是一种极难得的智慧。

有一天，索尼公司的创始人盛田昭夫来到公园里散步，看到好朋友手里提着一台笨重的录音机，耳朵上套着耳机，也在公园里悠闲地散步。

盛田昭夫感到奇怪，就问道："你这是怎么一回事？"

好朋友回答说："我喜欢听音乐，可又不愿意吵到别人，所以只好戴上耳机，一边散步一边听音乐，这真是一种惬意的享受。"

老朋友的一句话，触动了盛田昭夫的灵感，他想是不是可以生产一种可随身带的听音乐的机器呢！新产品"随身听"的构想就由此萌芽了。

根据盛田昭夫的设想，技术力量十分雄厚的索尼公司，立即进行了缩小录音机零件的研制工作。没过多久，世界上最小的录放音机就问世了。

这种新型录放音机刚投入市场时，销售部门和销售商都担心地说："这种必须使用录音带的机子，却没有录音的功能，大家会接受它吗？"

盛田昭夫坚定地说："汽车音响也没有录音的功能，可是几乎每部车都需要它。你们应该明白一点：有需要就会有市场！"

机遇不是一眼就能被看出来的，它需要你对事物准确的判断力，对未来的真知灼见，以及机遇来临时不假思索的利用。能够发现机遇的人是走在最前面的人，也是能最终得到成功的人。

夫妻老店

生活好比打仗，它的规律很简单，不要坐失良机。

纽约有一家专卖手帕的夫妻老店，由于超级市场的手帕品种多、花样新，夫妻俩竞争不过，生意日渐惨淡。眼看经营了几十年的老店就要关门了，他们却找不到一点办法。

一天，丈夫正坐在小店里无聊地看着路上来来往往的旅游者，忽然灵感飞来，他不禁忘乎所以地叫了起来："导游图，印导游图。"

"改行？"妻子惊讶地问。

"不不，手帕上可印花、印鸟、印山、印水，为什么不能印上导游图呢？一物二用，一定会受到游客们的青睐！"

妻子听了，恍然大悟，连连称妙。

于是，这对老夫妻立即向厂家订制了一批印有纽约交通图及有关风景区导游的手帕，并且广为宣传。这个点子果然灵验，他们的夫妻店绝处逢生，销路大开。

机遇都是在困境中被挖掘出来的。面对一筹莫展的情况，再多的牢骚也是没有用的，即使你把整个世界都埋怨一遍，机遇也不会乖乖地来到你的面前。但是当你静下心来认真思考的时候，你就会觉得眼前一亮：机遇已悄然来到你的身边！

雌雄虾

> 很多人得不到机会，并不是因为机会没有来到，而是在机会到来时没有抓住它。

商人带着新婚的妻子去菲律宾度蜜月。

有一天，他们去逛跳蚤市场，发现有一种石头很受当地人的欢迎。这石头价格便宜，最贵的也只不过一美元一对。妻子爱不释手，一口气买了十几对，要带回家赠给自己的亲朋好友。奇怪的是，这种东西送出去以后，亲戚朋友们纷纷上门来讨要，而且向他们打听买这种东西的商店在哪里。可是，商人找遍整个日本，也没有发现有这种东西出售。

其实，它只是生长在热带海上的一种普通小虾，自幼从石头缝爬进去，然后在里面成长为无法出来的雌雄虾，被关在石头里终其一生。

商人一看此物这么受人欢迎，就专程飞往菲律宾进了一大批雌雄虾运回日本，然后以"偕老同穴"命名，把它进行精美包装后出售。大家都认为这种虾能给新婚夫妻带来幸福，于是它成了新婚庆典上的珍贵礼物。意想不到的是，这种虾一摆上台，便供不应求。最后，进口一美元的东西，一下子竟卖到了270美元的天价。

机会总是很平常地存在于周围的环境中，它或许只是一件小小的不起眼的东西，以平常的姿态存在于自己的位置上，并不因为其他人或物的存在而显得与众不同。可一旦你真正地利用了它，就会发现它耀眼的光芒。

成功：
奋斗人生的桂冠

成功人生

> 人生中所有伟大的成功，都是由于做到了看来不可能做到的事情而取得的。

3 岁时，莫扎特已经学会弹奏古钢琴，并能记住只听过一次的乐段。

7 岁时，波兰钢琴家肖邦创作了《G 小调波罗乃兹舞曲》。

10 岁时，爱迪生建立起一个实验室，开始了他的发明事业。

12 岁时，格特鲁德·埃德成为女子 800 米自由泳最年轻的世界纪录创造者。

15 岁时，鲍比·费希尔获得了"最年轻的国际象棋大师"称号。

21 岁时，珍尼·奥斯汀开始写她的第一部名著《傲慢与偏见》。

22 岁时，海伦·凯勒出版了她的自传。

25 岁时，查理斯·林德首次单人不间断飞越了大西洋。

35 岁时，拿破仑·波拿巴正式加冕为法兰西帝国皇帝。

39 岁时，顾拜旦发起成立了国际奥林匹克委员会。

40 岁时，芭蕾舞蹈家玛戈特·芳廷才开始与芭蕾舞著名男演员鲁道夫·纳勒耶夫合作同登舞台。

43 岁时，约翰·肯尼迪成为美国最年轻的总统。

50 岁时，亨利·福特采用"流水装配线"，首次实现了汽车价格低廉的大规模生产。

53 岁时，玛格丽特·撒切尔成为英国第一任女首相。

64 岁时，弗朗西斯·奇切斯特独自乘 53 英尺（1 英尺 =0.3048 米）长的游艇周游世界。

65 岁时，丘吉尔成为英国首相。

76 岁时，枢机主教安吉洛·龙卡利成为二十三世教皇，于五年内进行了重要改革，为罗马天主教廷开创了新纪元。

80 岁时，摩西"奶奶"（安娜·玛丽·罗伯逊）举行了首次女画家个人画展。

81 岁时，本杰明·富兰克林巧妙地协调了议会众代表的分歧意见，使美国宪法得以通过。

84 岁时，丘吉尔二任首相告退，回到下议院，又一次赢得议会选举，并展出了他的画作。

88 岁时，大提琴家帕布罗·卡萨尔斯仍照常举行音乐会。

100 岁时，美国黑人早期爵士音乐的钢琴演奏家兼作曲家尤比·布莱克逝世，圆满地走过了他的百岁人生。他在去世前五天时说："如果我早知道我能活这么长，我一定会更好地努力奋斗。"

成功的人生并不是停滞不前的，它是不断前进、不断拼搏、不断迎接新的成功的过程。世界上没有绝对的成功，只有相对的成功。成功者需要前进，需要补充新鲜的活力，只有这样才能满足他们心中对成功的渴望。成功的人生就是不断拼搏的人生。

爱迪生的退休年龄

> 世界上没有绝对的成功，只有不断地进取才能永葆成功者的魅力。

爱迪生是世界上最伟大的科学家，他一生有一千多项重要的发明。

在他50岁的生日宴会上，老朋友关心地问他："你的一生成就非凡，在这剩下来的岁月中，你打算怎么安排？"

爱迪生高兴地说："从现在起到70岁，我想把时间交给工作，75岁我计划去学桥牌，到了80岁，我想学好打高尔夫球。"

老朋友继续问："那90岁以后，你想做些什么呢？"

爱迪生笑着说："我安排的计划不会超过30年，太短就缺乏远见，太长又不好掌控。"

爱迪生70岁生日时，老朋友又问他同样的问题，这回爱迪生认真地回答："我从工作当中获得了无穷的快乐，我仍然有数不清的构想，这些事情足够我忙上几百年。所以，我是永远不会让自己退休的。"

成功的人并不会为自己眼前所取得的成就而满足，他需要的是继续前进，向着人生中的更高峰攀登。成功者往往以取得新的成功为人生的一大乐事。所以，他生命中的每一天都充满着朝气蓬勃的活力，就如初升的太阳源源不断地释放出万丈光芒。

原子弹之父的壮举

顽强的毅力可以让我们去征服世界上任何一座高峰。

原子弹之父奥本·海默正在体育馆作告别职业生涯的演说。

会场上，人们在焦急地等待着奥本·海默作精彩的演讲。帷幕徐徐拉开，舞台正中央吊着一个巨大的铁球。

奥本·海默在人们热烈的掌声中，走了出来，站在铁架的一边。他穿着一件红色的运动服，脚下是一双白色胶鞋。

人们惊奇地望着他，不知道他要做出什么举动。

这时两位工作人员，抬着一个大铁锤，放到主持人的面前。主持人让两位身体强壮的人，用这个大铁锤去敲打那个吊着的铁球，直到把它荡起来。

一个年轻人抢先拿起铁锤，展开架势，全力向那吊着的铁球砸去，只听一声震耳的响声，吊球动也没动。另一个人也不甘示弱，接过铁锤把吊球打得叮当响，可是铁球仍旧一动不动。

大家都在等着奥本·海默的表演，看他用什么神力让铁球荡起来。

这时，奥本·海默从上衣口袋里掏出一个小锤，然后认真地面对着那个巨大的铁球。他用小锤对着铁球"咚"地敲了一下，然后停顿一下，再一次用小锤敲了一下。人们奇怪地看着老人就那样"咚"地敲一下，然后停顿一下，就这样持续地做着。10 分钟过去了，20 分钟过去了。大家都等得有些不耐烦了，奥本·海默仍然不停地敲着，好像根本没有听见人们在喊叫什么。人们开始愤然离去，会场上出现了大块大块的空缺。留下来的人们好像也喊累了，会场渐渐地安静了下来。

一个小时以后，前排一个妇女突然尖叫了一声："球动了！"人们聚精会神地看着那个铁球真的以很小的幅度摆动了起来。

奥本·海默仍旧一小锤一小锤地敲着，人们都在听着那小锤敲打铁球的

90

声响。铁球在老人一锤一锤的敲打中越荡越高，它拉动着铁架"哐哐"作响，巨大威力强烈地震撼着在场的每一个人，会场上爆发出一阵阵热烈的掌声。奥本·海默用自己的无声行动证明了成功的道理。

成功的最大秘诀就是坚持。只要你有一个坚定不移的长远目标，并通过自己不懈的努力坚持下去，锲而不舍，终有一天你会实现你伟大的梦想。

提　拔

不在失败中寻找教训的人，永远不会取得真正的成功。

哈默和布鲁斯在同一家公司上班。开始时，两人都从最底层干起。可不久哈默就受到了老板的青睐，被提为部门经理。布鲁斯却还在最底层干着简单的活。

有一天，布鲁斯终于忍无可忍，于是向老板提出辞呈，说老板只会提拔那些爱拍马屁的小人。

老板耐心地听着，最后，他忽然有了个主意。

"布鲁斯先生，"老板说，"您马上到集市上去，看看今天有什么卖的。"

布鲁斯很快从集市上回来说，只有一个农民拉了车土豆在卖。

"一车大约有多少袋、多少斤？"老板问。

布鲁斯又跑回去，回来后说有30袋。

"价格是多少？"布鲁斯再次跑到集市上。

老板望着跑得气喘吁吁的布鲁斯说："请休息一会儿吧，看看哈默是怎么做的。"

说完，他叫来哈默："哈默先生，您马上到集市上去，看看今天有什么卖的。"

哈默很快从集市上回来了，汇报说到现在为止只有一个农民在卖土豆，有 30 袋，价格适中，质量很好，他已带回几个让老板看。他说这个农民一会儿还将弄几箱西红柿来卖，自己估计这种价格的土豆老板大概会要，所以他还把那个农民也带来了，他现在正在外面等回话呢。

老板看了一眼满脸通红的布鲁斯，对哈默说："好的，我可以考虑和他谈一谈这笔生意。"

成功者与不成功者最大的区别不是有没有得到自己想要的东西，而是两者所考虑的是什么。不成功的人所想到的永远只是眼前的一切，他看到什么就是什么，并没有让自己有进一步思考的强烈欲望。而成功者看到什么就会想到更多，并进一步考虑到了更远的目标，永远都比别人多迈出一步，所以才能抢在别人前面得到成功的机会。

人间伊甸园

成功永远都属于最有力量的人。

1968 年，加州的一位牧师想要用玻璃建造一座水晶大教堂，他向一位朋友描述了自己的梦想："这是一座人间的伊甸园。"朋友问他预算多少，他开朗地说："我身上一分钱都没有，我需要用教堂自身的魅力来吸引大家的捐款。"

最后，牧师粗略地估算建造教堂大概需要 700 万美元，他在心里盘算着得到捐款的系列途径：

1．寻找 1 笔 700 万美元的捐款。

2．寻找 7 笔 100 万美元的捐款。

3．寻找 14 笔 50 万美元的捐款。

4. 寻找 28 笔 25 万美元的捐款。

5. 寻找 70 笔 10 万美元的捐款。

6. 寻找 100 笔 7 万美元的捐款。

7. 寻找 140 笔 5 万美元的捐款。

8. 寻找 280 笔 2 万 ~5 万美元的捐款。

9. 寻找 700 笔 1 万美元的捐款。

10. 卖掉 1 万扇窗，每扇 700 美元。

40 天后，牧师用水晶大教堂奇特而美妙的模型说服了一位富商，他捐出了第一笔 100 万美元。

第 50 天，一对倾听了牧师演讲的农民夫妇，捐出了 1000 美元。

70 天时，一位陌生人被牧师孜孜以求的精神感动，在生日的当天寄给了牧师一张 100 万美元的银行支票。

六个月后，一名捐款者对牧师说："如果你的诚意与努力能筹到 600 万美元，剩下的 100 万美元由我来支付。"

第二年，牧师以每扇 500 美元的价格请求美国人认购水晶大教堂的窗户，付款的办法为每月 50 美元，十个月分期付清。六个月内，一万多扇窗户全部售出。

1980 年 9 月，总造价为 2000 万美元的水晶大教堂竣工了，它成了世界建筑史上最伟大的奇迹，而这一切全是靠身无分文的牧师一点一点筹集资金做到的。

成功总是由无到有，由小变大，由少到多，这中间需要一个想成功的人不断地努力与争取。每一个成功人士自身的力量都是有限的，他最大的力量来源于外界，即善于不断地把别人的力量转化成自己的力量来帮助自己取得成功，这样的人无疑是最有头脑的人。

被辞退的董事长

> 能够克服困难，首先就已向成功迈进了一大步。

　　道本连自己的名字都不会写，却在大阪的一所中学当了几十年的校工。尽管工资不多，但他已经很满足于生活为他所安排的一切。就在他快要退休时，新上任的校长以他"连字都不认识，却在校园工作，太不可思议了"为由，将他辞退了。

　　道本恋恋不舍地离开了校园。像往常一样，他去为自己的晚餐买半磅香肠，但快到食品店门前时，他想起食品店已经关门多日了。而不巧的是，附近街区竟然没有第二家卖香肠的。忽然，一个念头在他脑海里闪过——为什么我不开一家专卖香肠的小店呢？他很快拿出自己仅有的一点积蓄开了一家食品店，专门卖起香肠来。

　　因为道本灵活多变的经营，十年后，他成了一家熟食加工公司的总裁，他的香肠连锁店遍及大阪的大街小巷，并且提供产、供、销"一条龙"服务，颇有名气的道本香肠制作技术学校也应运而生。

　　一天，当年辞退他的校长得知这位著名的董事长识字不多时，便十分敬佩地称赞他："道本先生，您没有受过正规的学校教育，却拥有如此成功的事业，实在是太不可思议了。"

　　道本诚恳地回答："真感谢您当初辞退了我，让我摔了跟头，从那之后我才认识到自己还能干更多的事情。否则，我现在肯定还是一位靠一点退休金过日子的校工。"

　　成功者大多是从困境中崛起的。困境可以锻炼一个人的品格，也可以激发一个人向上发展的勇气和潜力。在困境中，当被逼得退无可退，无路可走时，人们往往会在最后的时刻想出办法来自救，从而在无形之中获得了人生的辉煌。所以，人应该感谢苦难，感谢苦难中所孕育的成功。

水比黄金贵

> 最有希望的成功者，不是才华出众的人，而是那些善于去发掘每一个时机的人。

美国的一个小镇上发现了金子，想着发财的人争先恐后地来到了这个小镇挖采金矿。

彼克也是带着"黄金梦"来的，到达目的地后他才知道采金并不容易。各地涌来的人太多，到处都是采金的人，吃饭喝水都成了大问题。

骄阳火辣辣地暴晒，人们的汗水不停地流淌。山谷里气候异常干燥，水源奇缺。在这里，水同黄金一样贵重。

"谁要是让我饱饮一顿凉水，我给他五块金币！"掘金人不断地发出类似的抱怨声，他们太需要水了。可是在黄金的诱惑下，他们谁也舍不得花时间去找水。

彼克心里一动：与其跟这么多人一起漫无边际地挖金子，何不想办法搞些水来卖呢？说不定能赚大钱呢！

于是，彼克放弃采金的工作，用挖金子的铁铲挖了一条水沟，把河水引进掘好的水池里。水经过细沙的过滤，变得清澈可口。然后，他把水分装成壶，运到工地上卖。一群群口干舌燥的淘金狂，争先恐后地抢购彼克的水。

彼克离开小镇时已经成了一个富翁，而其他的同伴却仍在拖着疲惫的身体挖掘金矿。

成功人士从来不会走一条被千万人踩遍的路，他们一般都会选择属于自己的路，用敏锐的眼光捕捉机遇，在别人没有发现之前就已经到达了成功的终点。走别人没有走过的路，做别人没有做过的事，这需要勇气，也只有这样才有可能造就辉煌。

遗传的记忆力

> 如果我们过分爽快地承认失败，就有可能永远感觉不到我们已经非常接近成功了。

记忆专家正在给一个女学生上课。

"记忆专家，我希望你不要指望能改进我的记忆力，这是绝对办不到的事。"

"为什么？"记忆专家吃惊地问。

"这是祖传的，"女学生回答他，"我们一家人的记忆力全都不好，爸爸妈妈将它遗传给了我。因此，你要知道，我这方面不可能有什么更出色的表现。"

记忆专家说："小姐，你的问题不是遗传，是懒惰。你觉得责怪你的家人比用心改进自己的记忆力容易。请坐下来，我证明给你看。"

随后的一段时间里，记忆专家耐心地训练这位女学生做简单的记忆练习，由于她专心练习，学习的效果很好。记忆专家打破了这位女学生认为自己无法将脑筋训练得优于父母的断言。

从此，女学生明白了一点：做任何事都不要找借口，首先应该学会自己改造自己。

要想成功，就不要为成功的路上所遇到的各种困难找借口，这是一种懦弱，等于在扼杀自己的创造力。困难并不是没有办法解决，只要用心地去寻找，总会找到方法。对于一个渴望成功的人来说，他所要做的就是不找任何借口。

女主编的失败

> 这个世界上除了心理上的失败，实际上并不存在什么失败，只要不是一败涂地，你一定会有取得胜利的机会。

有一位女主编，自己创办了一份杂志。她花掉了所有的积蓄，耗费了多年的心血，得到的却是无休止的挫折。正在她处于困难境地的时候，一家大报社提出愿意考虑她的设想，并提供大规模资助。这个消息令她欣喜万分。

但是，报社董事们研究了杂志的样本后，经过多方考虑，还是没有接受她。

女主编不但承受了这次失败，而且还感谢报社董事们，因为是他们帮助她进行了一次艰难的选择。她认为："当那扇门关上时，我没有沮丧，因为我确信这是最佳机会，既然没有谈成功，我再也不抱希望在两三个月内实现梦想了。为了成功，我尽了全力，我根本不把它看作失败，只是心中感到，办杂志的事就此结束了。"

她开始写求职简历，结果否定了她的杂志的那家报社任命她为报社专管销售和交际的副总裁。他们认为她具有罕见的热情和洞察力。

后来，她并不将花在办杂志上的那两年视为失败。她说："我认为那两年相当于运动员用于训练的时间。我成了一个坚强的人，我不再把困难都看作障碍。"

遇到挫折并不可怕，而应该以一种积极的心态去看待这个问题。这至少说明了你尝试的这条路是不通的，从而使你可以在以后的路上少犯类似的错误。成功的人都是在不断的挫折中不断前进的。

飞行员的新事业

> 失败并不是一件难堪的事，最优秀的人也曾有过失败。在失败中，最可贵的是吸取教训，学到一点对自己有用的东西。

汤姆本来是战斗机驾驶员，退伍后进入了保险行业。三年过去了，公司老板答应给他升职，然而却一直没有下文，于是他辞职了。接着，他来到一家公司做部门经理。过了四年，他却被开除了。

有一段时间，他试做财务顾问生意。但由于资金不足，公司很快就关门了。这时，汤姆已经50岁了。

汤姆太太是天主教徒，天天祈祷天主。"每天早上我都到教堂祷告，祈求时来运转。有一天，我重复听到三个字，我觉得前一年去世的婆婆要告诉我什么事情似的，那三个字是'做芥末'。"她家有一份俄国传来的做芥末的食谱，每年圣诞，汤姆夫妇就做这种芥末送给亲友。

太太告诉汤姆说，她相信他妈妈在吩咐他们试一试做点新事业。起初汤姆以为太太疯了，但细心一想，觉得这起码是一个值得考虑的主意。他找当地卖乳酪的店铺商量。店东尝过芥末后，向汤姆夫妇买下了整批货品。现在，几乎整个美国都在用他们当初发明的这种食品。

每一个成功都是一个新的起点。成功不是终点，它是一个成功的结束，另一个成功的开始。积极的人在每一次忧患中都能看到一个机会，而消极的人则在每一次机会中都看到某种忧患。成功的人不会找任何借口。

第8堂

勇气：

装点灵魂的宝石

华盛顿的小斧头

敢于正视自己的错误也是一种勇气。

美国第一任总统乔治·华盛顿小时候很聪明，但也有一点淘气。

在他 6 岁生日的那天，父亲送给他一把小斧头，这把小斧头崭新漂亮，小巧锋利。他跑到花园里用它削小草，斩树枝，玩得很开心。他看到花园边上有一棵小桃树，在微风吹拂下一摆一摆地向他招手，小乔治想试一下自己崭新的小斧头是不是足够锋利，就向小桃树砍了下去……

不久，父亲回来一看，心爱的小桃树被砍倒了，花园里被搞得乱七八糟，气得暴跳如雷："是谁做的好事？"

小乔治这时才明白自己闯了祸，心想，今天准要挨揍了。可他是一个诚实的孩子，就对父亲说："爸爸，是我砍倒了小桃树，我只是想试一试小斧头

99

能不能砍倒这棵树。"

父亲听了小乔治的话，不仅没有打他，还兴奋地把他抱了起来："我的好儿子，爸爸宁愿损失一千棵小桃树，也不愿接受一个不诚实的孩子，你有勇气承认了错误，仍然是爸爸的好儿子！"

做错了事是一种罪过，如果做错了事还加以掩盖，并挖空心思来逃避，那么就是更大的一种罪过了。人们愿意谅解一个做错了事但勇于承认的人，但绝不会原谅一个掩饰错误的人。勇于知错就改的人是值得我们尊敬的。

英国水手的勇气

> 勇敢在真正的士兵那里，是一种为了自尊而从事的冒险事业。

舰艇上，三名海军上将正在争论到底什么才是真正的勇气。

俄国将军说："我告诉你们什么是勇气。"说完他招来一名水兵："你看见那根 100 米高的旗杆了吗？我命令你爬上去举手敬礼，然后跳下来！"

俄国水兵立即跑到旗杆前，十分利索地完成了将军的任务。

"呵，真出色！"日本将军称赞说。他对一名日本水兵命令道："看见那根 200 米高的旗杆了吗？我要你爬到顶端，敬礼两次，然后跳下来。"

日本水兵出色地执行了命令。

"啊，先生们，这真是一次精彩的表演。"英国将军说，"但我现在要告诉你们我们皇家海军对勇气的理解。"

他命令一名水手："我要你攀上那根高 300 米的旗杆顶端，敬礼三次，然后跳下来。"

"什么？您要我去干这种事？将军，我有权拒绝执行你的无礼命令！"英国水兵瞪大眼睛叫了起来。

"瞧，先生们，"英国将军认真地说，"这才是真正的勇气。"

在我们的信念中，除了超越别人之外，是否也应该同时有"坚持自己"的决心和勇气呢？如果你能坚持下去，总有一个时候，连上帝都会为你屈服。

勇于承担责任

勇气是人类最重要的一种特质。

一个阳光明媚的下午，一个 9 岁的美国男孩在院子里踢足球时，不小心打碎了邻居家的玻璃。邻居向他索赔20美元。在当时，20美元是笔不小的数目，足足可以买 200 只生蛋的母鸡！闯了大祸的男孩向父亲承认了错误，父亲严肃地说："你必须对自己的行为负责！"

男孩为难地说："我哪儿有那么多钱赔人家？"父亲拿出 20 美元给了他，说："这钱可以借给你，但一年后要还我。"

从此，男孩开始了艰苦的打工生活，经过一年的努力，他终于挣够 20 美元还给了父亲。

这个男孩就是日后成为美国总统的罗纳德·里根。他在回忆这件事时，总是深情地说："通过自己的劳动来承担过失，让我懂得了什么叫责任。"

做错了事并不要紧，只要你勇于承担，想办法去弥补，从小事做起，一定可以成就一番大事业。

儿子的面子

勇气是智慧和一定程度的教养相结合的必然结果。

儿子刚参加工作不久，父亲来到这个城市看他。儿子陪着父亲到城市的各个景点逛了一个下午，花了不少的钱。很快就到了吃晚饭的时间，儿子发现身上只有 30 美元，这已是他所能拿出来招待父亲的全部资金了，他很想找个小餐馆随便吃一点，可父亲却偏偏相中了一家很体面的餐厅。儿子没办法，只得随父亲走了进去。

俩人坐下来后，父亲开始点菜，当他征询儿子的意见时，儿子只是含混地说："不错，不错。"此时，儿子的心中七上八下，放在衣袋中的手紧紧抓着那仅有的 30 美元。这些钱显然是不够的，怎么办？

可是父亲一点也没注意到儿子的不安，他不住地称赞着这儿可口的饭菜，儿子却什么味道都没吃出来。

当侍者满面微笑地拿着账单走过来时，儿子张着嘴，满脸的尴尬。

这时，父亲笑了。他从身上的口袋里掏出钱来结了账，然后对儿子说："孩子，我知道你的感觉，从进这家餐厅开始我一直在等你说'不'，可你为什么不说呢？要知道，有些时候一定要勇敢坚定地把自己的想法说出来，学会拒绝，有时是一种最好的选择。"

要把自己的想法真实地表达出来，在别人面前学会拒绝，这需要很大的勇气。但有时这也是你唯一的选择，更是最好的选择。

评委的圈套

> 一个人如果缺乏勇气，就很容易倒下去，变得像一块石头一样任人践踏。

世界音乐指挥家大赛的决赛现场，一位日本选手按照评委会给他的乐谱在指挥演奏时，发现有一处不和谐的地方。他认为是乐队演奏错了，就停下来重新演奏，但仍不如意。日本选手向评委会提出了自己的意见，认为是乐谱弄错了。

这时，在场的作曲家和评委会的权威人士都郑重地说乐谱没有问题，而是他的错觉。面对着一批音乐大师和权威人士，日本选手却坚定地说："不，一定是乐谱错了！"话音刚落，评判台上立刻响起了热烈的掌声。

原来，这是评委们精心设计的圈套，以此来检验指挥家们在发现乐谱错误并遭到权威人士"否定"的情况下，还能否坚持自己的正确判断。前两位参赛者虽然也发现了问题，但终因趋同权威而遭淘汰。最后，日本选手在这次世界音乐指挥家大赛中摘取了桂冠。

他就是后来成为世界著名交响乐指挥家的小泽征尔。

在任何时候都敢于坚持说"不"，大声地说出自己的意见，这需要很大的勇气。特别是在面对许多权威时，能够坚持自己的疑问，更显得难能可贵。生活中有很多磨难，只要你具备勇气，就一定能经受住各种各样大风大浪的考验。

比爸爸厉害一点

告诉一个人他很勇敢，就是在帮助他变得勇敢。

花园里，父亲带着自己 4 岁的孩子正在荡秋千。

"不，不。"小儿子站在踏板上紧紧地抓住绳子，他的动作狼狈极了，不停地哀求爸爸把他放下来。

"这没有什么，很多孩子都会玩，你不用害怕。"父亲一边说一边将他稳稳地扶住。

"爸爸，我不想玩这个，我会摔下去的。"小儿子哭着说。

"你不会摔下来的。只要抓住绳子，这是很安全的。"

"不，我害怕。"小儿子仍然坚持。

看着他那副害怕的样子，父亲知道再劝说也没有用，便把他抱了下来。

"这样吧，爸爸先给你做个示范。等你见到爸爸玩得很高兴的时候，你一定会改变主意的。"说完，父亲就上了秋千开始摇荡起来。

"爸爸，你真行！"见爸爸在秋千上荡得很高很高，小儿子高声欢呼起来。

"那么，你也来试试好吗？"他问小儿子。

"好吧，可是我不要荡得那么高。"小儿子终于同意试一下。

这一次，小儿子仍然很害怕，但他毕竟有了一个开始。小儿子站在秋千的踏板上扭来扭去，样子难看极了，而秋千几乎就没有摇荡起来。

这时，旁边的哥哥看见了，他看着弟弟的模样顿时大笑起来："你是在荡秋千吗？怎么一点也不像呀！"

"不，你不应该这样说，他做得很好。"听见大儿子那样说，父亲担心会由此而打击小儿子的自信心，连忙制止道。

哥哥立刻明白了父亲的意思，连忙说道："哦，我忘了，在我第一次荡秋千时还不如弟弟呢。"

"是吗?"小儿子听见哥哥这样说，便立刻来了精神，用力在秋千上摇荡了几下。

"是这样的。据我所知，每个人第一次荡秋千时都害怕得要命，爸爸也是这样的。"父亲趁机鼓励儿子，"我第一次站上秋千的踏板时比你还要恐惧，站在那里一动不动，根本不敢晃动。你比我好多了，我相信用不了几天你就会荡得很高很高。"

"真的?"小儿子听见父亲和哥哥都这样说，再也不觉得害怕了，他认为觉得害怕的人应该是爸爸和哥哥。

拿出一点尝试的勇气来，你会发现很多事情并没有你想象中那么可怕。大胆地迈出第一步，你会更加地热爱生活，因为你迈出的第一步正是通往成功人生的第一步。

我必须面对我的耻辱

如果没有改造自我并进而改造自己境遇的态度和勇气，就不能成为一个有所作为的人。

美国总统罗斯福在中年时突然得了一种怪病。当时他已经身为参议员，在政坛正是一帆风顺、大展宏途的时候，遭此打击，差点心灰意冷，退隐还乡。

开始待在家里的时候，他一点也不能动，必须坐在轮椅上，但他讨厌整天依赖别人把他抬上抬下。后来，他就背着别人在晚上一个人偷偷练习爬楼梯。

有一天，他告诉家人说，他发明了一种上楼梯的方法，要表演给大家看。原来，他先用手臂的力量，把身体撑起来，挪到台阶上，然后再把腿拖上去，就这样一阶一阶艰难缓慢地爬上楼梯。

母亲看见他这样子，有些不忍心地劝他说："你这样在地上拖来拖去的，给别人看见了多难看。孩子，别再折磨自己了。"

罗斯福摇了摇头，坚定地说："这是我的耻辱，我必须面对我的耻辱！"

面对屈辱，如果只是一味地逃避，最后只会让自己变得更加懦弱无能，走上彻底失败的道路。这时，你必须拿出敢于面对耻辱的勇气和决心，正视生活中的一切挫折，这样才能在风雨过后见到灿烂的阳光。

讨债的男孩

> 要有自信，然后全力以赴去做这一件事。如果具有了这种信念，任何事情都会成功。

老板正在自己的办公室里批改文件，这时，一个 10 岁的男孩敲开了他房间的门。

老板很不高兴，恶狠狠地问他："什么事?"

男孩理直气壮地回答："你欠了我爸爸的工钱，我是来替他要钱的。"

"不行，你还是回去吧。"

"是。"男孩答应着，可是一点也没有离开的意思。

老板很生气地说："我叫你回去，你听不懂吗? 再不走，我让你好看!"

男孩依然应了一声"是"，但却仍然一动不动地站在那里。

这下可真把老板惹火了，他气急败坏地站起身来，朝男孩气势汹汹地走过去。

然而，这个男孩毫无惧色，不等老板走近，反而先迎着他踏前一步，两眼盯着凶恶的老板坚定地说："我不怕你，我无论如何也要拿到爸爸的工钱!"

老板一下愣住了，看了男孩好一会儿，见对方毫不退缩，只好无可奈何地把孩子父亲的工钱如数给了他。

自信来源于人与人之间的较量，这就好比一场战争，总有败退的一方，也总有胜利的一方，关键就在于谁能坚持到最后，抓住手中的那一面鲜艳的旗帜。谁的意志力强大，谁就有自信，谁就会笑到最后。

广告学费

> 不要失去信心，只要坚持不懈，就一定会有成果。

麦迪第一次做业务员，虽然年轻但他却表现得很自信。

在去拜访客户前，麦迪先要做一些准备工作。他把自己关在屋里，站在镜子前，把名单上的客户名字念了 20 遍，然后对自己说："在本月之前，你们将向我购买广告版面。"

他怀着坚定的信心去拜访客户，第一天，他和 30 个难缠的客户中的 3 个谈成了交易；在第一个星期的周末，他又成交了两笔交易；到第一个月的月底，30 个客户中只有一个还没买他的广告。

在第二个月里，麦迪没有去拜访新客户。每天早晨，只要那个拒绝买他广告版面的客户的商店一开门，他就进去请这个商人做广告，而每天早晨，这位商人都回答说："不！"每一次，当这位商人说"不"时，麦迪就假装没听到，然后继续前去拜访。

在这个月的最后一天，对麦迪已经很熟悉的商人说："你已经浪费了一个月的时间来请求我买你的广告版面，我想知道的是，你为何要坚持这样做。"

麦迪说："我并没有浪费时间，我等于在上学，而你就是我的老师，我一直在训练自己在逆境中的坚持精神。"商人点点头，紧紧地握住麦迪的手说："我也要向你承认，你已经教会了我坚持到底这一课。坚持比金钱更重要，为了向你表示我的感激，我要买下你的一个广告版面，当作我付给你的学费。"

只要坚持到底，就能取得成功，这是对自信最好的诠释。自信的人并不盲目，他胸有成竹，做事有序，善于按自己的计划一步一步地去实现自己的目标，直到取得最后的胜利。这样的人是最顽强的，也是最厉害的对手。

自信：
吹响前进的号角

5 美元的自信

> 信心可以使一个人得以征服他相信可以征服的东西。

在拍卖会上，一个 9 岁的男孩总是以"5 美元"开始出价竞拍台上各种各样的脚踏车，可到了最后他总是眼睁睁地看着脚踏车被别人高价买走。拍卖暂停休息时，拍卖员问小男孩为什么不出较高的价格竞争，男孩说他只有 5 美元。

拍卖会又开始了，男孩还是给每辆脚踏车报出相同的竞价，结果当然和先前一样。一些观众也注意到了这个孩子，他们开始关注事情的结局。

拍卖会就要结束了，这时，只剩下一辆脚踏车了。这一辆的确很棒，它是小男孩最后一次机会了，大家都在期待着他又会出什么样的价钱来竞拍呢？

这辆车在拍卖台上放好后，拍卖师向全场扫视了一遍，然后问道："谁先出价？"

这时，站在最前面的小男孩再一次叫道："5 美元！"

拍卖师停止唱价，只是微笑着站在那里。小男孩已经开始放弃希望了。

大家的眼睛全部盯着这位小男孩，没有人出声，没有人接着举手。拍卖师唱价三次后，用力将拍卖锤砸在桌上，大声说："成交了！这辆脚踏车卖给这位勇敢的小伙子！"

男孩冲上去抱着这一辆属于自己的脚踏车激动地哭了。

坚持自己的想法不让步，并不是一种固执，这种坚持正是建立在对自己的能力有充分认识的基础上的自信。具备这种自信的人总会坚持到最后，得到自己想要得到的东西。

《洛奇》的遭遇

衡量一个人，要看他在最困难的时候保持勇气和信心的方式。

他怀着明星梦来到了美国，因为没有生活来源，当时的他身上连买一件像样西服的钱都没有。但他仍然坚持着自己的梦想。

当时，好莱坞有 500 家电影公司，他带着自己写好的剧本前去一一拜访。但第一遍下来，500 家电影公司没有一家愿意接受他。

面对这样的困境，他没有灰心，从最后一家被拒绝的电影公司出来之后，他又回去从第一家开始，继续他的第二轮拜访与自我推荐。

在第二轮拜访中，他仍然遭到了 500 次拒绝。

第三轮的拜访结果仍与第二轮相同，他昂着头又开始了他的第四轮行动。当他拜访完第 369 家后，第 370 家电影公司的老板被他的恒心感动了，破天荒地答应让他留下剧本先看一看。

几天后，年轻人获得通知，请他前去详细商谈。就在这次商谈中，这家公司决定投资开拍这部电影，并请这位年轻人担任男主角。

这部电影的名字叫作《洛奇》，他呢，就是名震好莱坞的巨星史泰龙。

即使经历再大的打击、再多的挫折也不灰心，这是一种很大的自信。这种人往往都很相信自己的能力，一直在寻找成就自己的机遇，并敢于拿出碰壁的决心和勇气，一直到最后获得成功为止。

妈妈把自信带走了

凡事要有信心。要是做一件事首先就担心不行，那你就没有救了。

有一次，3 岁的儿子正在学着自己穿鞋。

"来，孩子，你穿得太慢了，妈妈给你穿。"妈妈抱过儿子，三下两下系好了鞋带。面对妈妈熟练的技巧，儿子感到自己很笨拙。他灰心了，伸着脚让妈妈帮他把鞋穿上。

4 岁的时候，儿子看到妈妈给花草浇水，他走过去，小心翼翼地拿起水壶，想要帮助妈妈。"孩子，别动。"妈妈喊道，"小心把水洒到身上，弄脏鞋子，你还小呢，让妈妈干吧。"

儿子要帮妈妈收拾桌子，妈妈吓坏了，赶紧夺过碗碟："小宝贝，你会把碟子摔破的，那会划破手。"为了不使碟子破碎，儿子再一次丧失了学习的机会。

当孩子自己穿衣服的时候，妈妈说："穿错了，穿反了。"当他自己吃饭时，妈妈说："看你把衣服弄得多脏。"然后把勺子拿过来，喂他吃。就这样，妈妈让儿子看清楚了自己是多么不行，妈妈是多么能干。如果他不高兴，不肯张口吃饭，坚持要自己吃，妈妈还会大发脾气。妈妈认为他的孩子还很弱小，认为他现在还没有这个能力。儿子就在妈妈这种过度的呵护下慢慢地长大了，他已经习惯了这一切。

后来，等到妈妈离开人世后，儿子走上社会才发现世界是那样陌生，因为最爱他的妈妈把他的自信全部带走了。

要做到自信，首先必须要相信自己的能力，不能因一时的不如意或是暂时的困难就畏缩不前或者是让别人的想法来左右自己的决定，而应该坚持到底，不断地尝试让自己的能力得到最大限度的发挥。如果不能认识到这一点，在被别人打倒之前就已经自己先把自己打倒了。

大作家的特长

自信是走向成功之路的第一步，缺乏自信是失败的主要原因。

一个外乡人怀着梦想来到了巴黎，漂泊了一段时间后，身无分文的他找到父亲的朋友，期望对方能帮助自己找一份谋生的差事。

"精通数学吗？"对方问。外乡人羞涩地摇头。

"历史地理怎么样？"外乡人还是不好意思地摇头。

"那法律怎么样？"父亲的朋友又问。

外乡人窘促地垂下头。接下来一连串的发问，外乡人都只能摇头告诉对方——自己似乎没有任何长处，连丝毫的优点也找不到。

"那你先把自己的联系方式写下来吧，我总得帮你找一份事做。"父亲的朋友最后说。

外乡人羞涩地写下自己的名字和地址，转身要走，却被父亲的朋友一把拉住了："你的名字写得很漂亮嘛，这就是你的优点啊。"

把名字写好也算一个优点？外乡人在对方眼里看到了肯定的答案。

就这样，外乡人靠着自己的一笔好字留在了父亲的朋友所开的公司里做了一个抄写员。后来，他竟然发现自己的文章也写得不错。再后来，外乡人成了名震世界文坛的大作家，他就是大仲马。

每个人身上都有许多别人所没有的东西，这就是属于自己的特长，是自己身上最值得肯定的地方。不要拿别人的长处来和自己的短处相比，那样的话会掩盖掉自己身上闪光的亮点，压抑自己向上发展的自信。要充分地肯定自己的长处，不断地肯定，继续肯定。

母亲的名言

信心是一种心境，有信心的人不会在转瞬间消沉沮丧。

有一个中学生，想进学校的一个特别实验班。能在这个班级里学习的孩子数学水平都很高。她的数学不是很好，所以面临很大压力。

细心的妈妈看在眼里，就鼓励孩子试一试，争取在这特别实验班下学期开学前进入这个班级。可是她却认为凭自己的数学基础，要想在短时间内大幅度提高是不可能的，虽然渴望进入实验班学习，但她对自己没有一点信心。

妈妈鼓励她说："只要努力去学习提高，妈妈相信你一定能行。"

此后，在妈妈的鼓励下，孩子开始为自己能够进入实验班而更加刻苦地学习，三个月后，她的数学成绩有了明显提高。在第一学期实验班举行测试的时候，她以优异的成绩顺利通过了测试，终于圆了自己的梦想。

能在这个实验班学习的孩子都是成绩很好的学生，当看到自己的成绩不如其他同学时，孩子难免会产生挫败感，这时，妈妈就及时鼓励她为自己找个对手，与成绩好的同学展开竞争。一个学期下来，孩子多次获得高额奖学金，还获得了学校演讲比赛第一名，并被当地一家电视台请去做了一次嘉宾。后来孩子成了这个节目的业余小主持人，她自信的风采征服了很多观众。

是什么让她有如此大的自信呢?

用孩子自己的话说就是:"我的自信来自我的妈妈。妈妈从不给我任何压力,只是在一旁赞美我走过的路。"而妈妈常对她说的一句话就是:"只要今天比昨天强就好。"

自信能产生一种强大的心理暗示作用,由此而生的精神力量就像一块巨型磁铁一样能不断地吸引着人朝健康向上、积极进取的方面发展,即使偶尔的偏离也会很快被调整过来,重新回到成功的轨道上来。

竞选总统

对于凌驾于命运之上的人来说,信心是命运的主宰。

他来自于一个穷苦家庭,经历了不同寻常的人生。1832 年,他失业了。同年,他竞选州议员失败。1833 年,他开始做生意却依然碰壁。

当他再一次参加州议员竞选时,终于成功了。后来,他订婚了,但离结婚还差几个月的时候,未婚妻却不幸去世了。这一次的打击让他心力交瘁,数月卧床不起。

1843 年,他决定竞选州议会议长,又失败了。同年,他又参加竞选美国国会议员,仍然没有成功。

他一次次地尝试,却一次次地遭受失败,但他仍然没有放弃,后来,他终于当上国会议员,是在 1846 年。

两年任期很快过去了,他想争取连任,遗憾的是落选了,就连他申请当本州的土地官员也未能如愿以偿。他并没有服输。1854 年,他竞选参议员,失败;两年后,他竞选美国总统提名,被对手击败;又过了两年,他再一次竞选参议员,还是失败了。

1860 年，他终于当选为美国总统。

他就是美国历史上伟大的总统之一——亚伯拉罕·林肯，一个自信的人。

命运喜欢捉弄人，它可以把你抛到高高的天堂，也可以把你扔到深不见底的地狱，直到你认为自己是一个被遗弃的孤魂野鬼为止。可到了最后，人还是会掌握自己的命运并把它牢牢地控制在手心里，最重要的是人要有相信自己的能力和重新再来的决心。有了这些，世上还有人不能做到的事情吗？

手术室里的较量

一个人除非自己有信心，否则一定不能带给别人信心；一个信服自己的人，方能使别人信服他。

手术室里正在紧张地进行一场手术，主刀医生的旁边站着一位年轻的助理。

手术快要结束了，主刀医生即将对伤口进行缝合时，旁边的助理却突出开口对主刀医生说："手术中我们总共用了 10 块纱布，可你只取出了 9 块。"

主刀医生看都没有看她一眼就摇着头说："纱布一块也没有漏下，别再耽误时间了。"

"不！"助理执拗地说，"肯定用了 10 块，还有一块没有取出来，我们不能缝合伤口。"

主刀医生没有理睬她，对其他人说："手术一切正常，现在听我的，缝合伤口。"

"你不能这样！"助理叫了起来，"我们得为病人负责。"

主刀医生脸上露出了笑容，他摊开了他的手心，亮出了那第 10 块纱布。

主刀医生高声对自己的助理说："年轻人，你是对的，真不愧为我的助理。"

自信的人总是给人一种稳重、踏实的感觉，这样的人很容易让人产生一种信赖。所以，自信的人往往比不自信的人更能得到成功的机遇，也更容易得到成功的青睐。

被愚弄的军犬

信心最重要的原则：不要让人打倒你，也不要让事情打倒你。

训导员在训练军犬怎么抓小偷。

随着训导员的一声号令，军犬很快就用嘴把丢失的东西从隐藏处叼了出来，接着又向旁边站着的人群跑去，没费多少工夫，就叼住了那个小偷。

军犬兴奋地望向训导员，等待嘉奖。但训导员却使劲摇着头对军犬说："不！不是他！再去找！"军犬大为诧异，眼睛里闪出迷惑的光。平时对训导员的绝对信赖使它转回头，重新开始了更为谨慎的辨认。可是军犬又把刚才那个小偷叼了出来，可训导员仍摇头："不对！再去找！"军犬迟疑地盯着训导员，转身回去花了更长时间去找寻。最后，它还是站在小偷的身边，向训导员示意：就是他！不会是别人！"不！绝对不是！"训导员大声吼着，表情也严肃起来。

军犬的自信心被击溃了，它相信训导员超过相信自己。它放弃那个小偷，去找别人。可是不对啊！气味骗不了它。它焦急地踱着步，在每个人的脚边都停一会儿，一会儿急促地嗅辨，一会儿扭回头去窥测训导员的眼神……最后，它根据训导员的眼色把一个假小偷给叼了出来。

训导员与那些人一起哈哈大笑起来，原来，这是训导员故意与军犬开的一个玩笑。训导员告诉军犬："你本来是对的，可错却错在你没有坚持。"

对抗强大的世界，自身是最后一道防线，退无可守。如果一个人放弃了这道防线，那么他的一切都会全盘崩溃。因此，自信对一个人来说是非常重要的。做人要坚守自己的阵地，永不言弃。

第 10 堂

快乐：
无悔人生的音符

穷人与富人

> 快乐的人不应该追求一切物质上的快乐，而应该去追求高尚的快乐。

一天，富翁带着儿子去乡下旅行，想让他见识一下穷人是怎么生活的。他们在一个农户家里待了一天一夜。回来的路上，富翁问儿子："旅行怎么样？"

"好极了！"

"这回你知道穷人是怎么过日子的了？"

"是的！"

"有何感想？"

儿子回答："我发现咱家里只有一条狗，可是他们家里却有四条狗；咱家仅有一个水池通向花坛的中央，可他们竟有一条望不到边的小河；我们的花

117

园里只有几盏灯，可他们却有满天的星星；还有，我们的院子只有前院那么一点儿，可他们的院子却有一大片！"

儿子说完，富翁哑口无言。

最后，儿子感叹了一句："感谢父亲让我明白了我们是多么贫穷！"

快乐是一种心态，它不要求物质上占有什么，以及物质的丰富程度如何，而关键在于人们如何看待眼前的世界。如果你是一个富翁，可在精神上却极度贫乏，那么你就是不快乐的，你的人生也是不幸的。有钱的人并不一定快乐，但快乐的人一定是幸福的。

拖鞋的力量

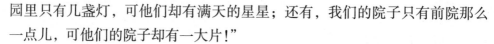

人生最大的快乐不在于占有什么，而在于奉献的过程。

"我一定要断然拒绝他们的要求。"出门之前，老富婆这么想。

这一天下着很大的雨，她在这样的天气却不顾一切地跑出来，目的是想赶快让这件烦心事尽早结束。

老富婆平时以爱做慈善闻名。到目前为止，她帮助了很多需要帮助的人。可是，大家希望她捐出祖传的土地来建造孤儿院，她无法同意。她对祖宗传下来的那一片土地有无限的感情，何况她此后的主要收入来源，就靠那块土地。说得严重一点，她若失去那一块土地，她的生活马上就会受到影响。

"不管对方如何恳求，也不能起一丁点同情心，否则……"老富婆更加坚定了自己心里的想法。

雨越来越大，风也吹得更起劲了。不多久，她到了一家慈善机构。她推开大门，想在门口寻找一双干拖鞋换掉脚上的湿鞋。

"请进！"这时候，一位女办事员出现在她眼前。女办事员看到她没有找到拖鞋，立刻毫不犹豫地脱下自己的拖鞋递给了老富婆。

"真抱歉，所有的拖鞋都给别人穿了。"那位小姐还向她恳切地道歉。

老富婆看到对方脱下鞋之后踩在地板上，刹那间袜子就给沾湿了。

老富婆感动莫名。就在那一瞬间，她感悟到了"施与"的真正意义。

她想："平时，我被大家称为慈善家，可是我捐出来的，全是自己不再使用的旧东西，再就是挪用多余的零用钱。真正的施与，应该是拿出对自己来说最重要的东西，那才有莫大的价值呀！"

老富婆突然决定捐出那块祖传的土地给这个慈善机构，为可怜的孩子们建立一个设备完善的孤儿院。

老富婆微笑着对那位女办事员说："好温暖的拖鞋。"

女办事员红了脸："对不起，实在是没有干净的拖鞋让您换上。"

老富婆连忙打断她的话说："不，不，我不是这个意思，我是说你的善心令人感到温暖……"

　　快乐的人总是以自己能够给别人带来多少快乐作为快乐的标准。其看重的不是占有，而是对别人的奉献，在奉献的同时去感受别人的快乐，并从别人的快乐中找到自己的快乐。与人为善，助人为乐，才能活出人生的境界。

百万富翁的定义

一个不会欣赏自己的人，是很难找到成功者的快乐的。

老人在河边散步，看到一位年轻人站在那里唉声叹气。

"孩子，你遇到了什么不开心的事情吗？"老人关切地问。

年轻人看了一眼老人，叹了口气："我是一个名副其实的穷光蛋。我没有房子、没有太太、没有工作，整天饥一顿饱一顿地度日，怎么能高兴得起来呢？"

"傻孩子,"老人笑道,"其实,你应该开怀大笑才对!"

"开怀大笑?为什么?"年轻人不解地问。

"你不知道你自己就是一个百万富翁呢!"老人有点神秘地说。

"百万富翁?您别拿我这穷光蛋寻开心了。"年轻人不高兴了。

"我怎敢拿你寻开心?孩子,现在能回答我几个问题吗?"

"什么问题?"

"假如,现在我出 20 万美元买走你的健康,你愿意吗?"

"不愿意。"年轻人摇摇头。

"假如,我再出 20 万美元买走你的青春,让你从此变成一个小老头,你愿意吗?"

"当然不愿意。"年轻人干脆地回答。

"假如,我再出 20 万美元买走你的容貌,让你从此变成一个丑八怪,你愿意吗?"

"不愿意!当然不愿意。"年轻人头摇得像个拨浪鼓。

"假如,我再出 20 万美元买走你的智慧,让你从此浑浑噩噩,虚度一生,你愿意么?"

"傻瓜才愿意!"

"别急,请回答完我最后一个问题:假如现在我再出 20 万美元,让你去杀人放火,让你从此失去良心,你可愿意?"

"天啊!干这种缺德事,魔鬼才愿意!"年轻人愤愤地回答道。

"好了,刚才我已经开价 100 万美元了,仍然买不走你身上的任何东西,你说你不是百万富翁,又是什么?"老人微笑着说。

年轻人一下子明白了其中的真谛,他面带微笑地离开了,因为他相信在他的前面等待着他的是崭新的人生。

财富只能改变一个人的生存状况,并不能给人带来多少快乐。学会快乐就是要学会珍惜自己已有的一切,通过合法正当的手段去获取劳动成果,只有那样才能得到来自心底深处的由衷的快乐。快乐是一种人生观,也是一种价值观。

渔民的幸福人生

人生的真正快乐，就在于最简单的满足。

富翁到海边的一个小渔村度假。傍晚，他来到海边散步，看见一个渔民满载而归。

富翁与渔民闲聊了起来，看着他捕的鱼，富翁问他为什么不再多捕一些呢？

渔民说："这些鱼已经足够我一家人生活所需了。"

富翁又问："那么你一天剩下那么多时间都在干什么？"

渔民满足地说："我呀？我每天回来后跟孩子们玩一会儿，黄昏时晃到村子里喝点小酒，跟哥们儿玩玩吉他，我的日子可过得充实又忙碌呢！"

富翁不以为然，帮他出主意："我倒是可以帮你忙！你应该每天多花一些时间去抓鱼，到时候你就有钱去买条大一点的船。然后你可以抓更多的鱼，再买更多渔船，拥有一个渔船队。到时候你就不必再把鱼卖给鱼贩子，而是直接卖给加工厂。接着你自己开一家罐头工厂，离开这个小渔村，搬到洛杉矶，最后到纽约，在那里经营你不断扩充的企业。"

渔民问："这要花多少时间呢？"

富翁回答："15~20年。"

"然后呢？"

富翁笑着说："然后你就可以在家当富翁啦！时机一到，你就可以宣布企业上市，把你公司的股份卖给投资大众。到时候你就发啦！你可以几亿几亿地赚！"

"然后呢？"

"到那时你就可以退休啦！你可以搬到海边的小渔村去住。每天出海随便抓几条鱼，跟孩子们玩一会儿，黄昏时晃到村里喝点小酒，跟哥们儿玩玩吉他!"

渔夫一脸自得地说:"我现在不就已经达到这样的生活目标了吗?"

人在来到这个世界的时候,一开始无忧无虑,因为需求的东西少,负担少,所以得到的快乐也就多。长大以后,随着自己想要得到的东西不断地增加,要求不断地提高,各种各样的负担和烦恼也随之而生,除了苦苦争取想要得到的一切之外,再也没有时间去想自己是不是过得快乐。到了最后,等到终于明白这个问题的时候,生命的守护神已经远离自己而去了,等待自己的只是生命的衰落、老死。

35 张贺卡

> 要想别人快乐,自己先得快乐;要把阳光散布到别人的心田里,先得自己心里有阳光。

"六一"儿童节快到了,儿子放学回到家,告诉妈妈他想为班里的每一个同学各做一份礼物。

妈妈的心有些难过,因为她发现每次放学回家,儿子总是一个人孤零零地走在最后面,他的同学们说着笑着一起回家,可从来没有一个人注意到儿子的孤单。尽管如此,她还是决定满足孩子的心愿。她买回了做卡片的硬纸、胶水和彩色蜡笔。一连三个星期,儿子费尽心思做好了35张精美的卡片。

"六一"终于来了,儿子别提有多高兴了,他一大早就起了床,小心翼翼地把卡片叠好,放进一个袋子里,飞快地跑出了家门。妈妈决定为他烤他最爱吃的甜饼,准备在他放学回家的时候,把这些美味可口、热气腾腾的甜饼连同一杯牛奶一起端放在餐桌上。妈妈想到儿子可能在节日的这天什么礼物都得不到,不禁感到心痛。

下午，妈妈把甜饼和牛奶端到桌上。一听到孩子们的声音，她就向窗外望去。是的，孩子们放学回家了，而儿子依旧走在后面，妈妈注意到孩子的手里空空的，一件礼物也没有。儿子推门进来了，她赶紧擦掉脸上的泪水。

"妈妈给你准备了甜饼和牛奶。"她说，可孩子却好像没有听见，大步走过她的身旁，脸上放着光，嘴里不停地说着："一个也没有，一个也没有。"

最后，儿子拉住妈妈的手说："妈妈，我把自己的卡片全部送给了同学，一个也没有忘记，一个也没有落下！"

快乐是不要求回报的，它并不要求一个人在带给别人快乐的同时，也要求对方给自己带来同样的快乐。快乐的人以自己能给别人带来快乐为乐，以能给人送去快乐为荣。快乐的人能够从对方的快乐中感受到自己的存在，能够从给别人带来的快乐中感到高兴和满足。

选 择

> 充满着欢乐与战斗精神的人们，永远带着欢乐，欢迎雷霆与阳光。

美国某个小镇的郊外有一间奇特的房子，房屋的构筑材料完全由自然物质组成，并且需要随时向房间里人工灌注氧气来维持房主的生存。

住在这间房子里的主人叫妮娜。1985 年，妮娜在医科大学就读，有一次她到山上散步，带回一些蚜虫。她拿起一种试剂为蚜虫去除化学污染，忽然感觉身上一阵痉挛，原以为这只是暂时性症状，谁料到自己的后半生就这样毁于一旦了。试剂内含的化学物质使妮娜的免疫系统遭到了严重破坏，她对香水、洗发水及日常生活接触的化学物质一律过敏，连空气也可能使她支气管发炎。这种"多重化学物质过敏症"是一种慢性病，目前尚无药可医。

患病头几年，妮娜睡觉时口水流淌，尿液变成了绿色，汗水与其他排泄物还会刺激她的背部，形成疤痕。她不能睡经过防火处理的垫子，否则会引发心悸。她周围的生活环境开始让她觉得难以忍受。

后来，她的丈夫用钢与玻璃为她盖了一个无毒的空间，妮娜所有吃的、喝的都必须经过特殊选择与处理，她平时只能喝蒸馏水，食物中不能有任何化学成分。

八年来，妮娜没有见过一棵花草，听不见悠扬的歌声，感觉不到阳光、流水。她躲在小屋里，饱尝孤独之余，还不能放声大哭，因为她的眼泪跟汗一样，可能成为威胁自己的毒素。

而坚强的妮娜并没有在痛苦中自暴自弃，她不仅为自己，还一直为所有化学污染物牺牲者争取权益。1986 年，妮娜创立了"环境接触研究网"，致力于此类病变的研究。1994 年她另创"化学伤害资讯网"，保障人们免受威胁，目前这一"资讯网"已有来自 32 个国家的 5000 多名会员，不仅发行刊物，还得到了美国、欧盟及联合国的支持。

虽然一直生活在这寂寞孤独的无毒世界里，妮娜却感到自己的生活过得很踏实。因为在痛苦与欢乐之间、流泪与微笑之间，她选择的都是后者。

人如果不快乐，则注定与痛苦为伍。在快乐与痛苦之间，人只有一种选择。与其选择痛苦，度过凄惨不幸的人生，不如选择快乐，给自己生命带来阳光的同时，也给周围的世界带去对幸福的祝福。这样的人生才是积极的人生，才是强者的人生。

两种态度

如果你一点都不顾虑别人，那么你就无法快乐地度过一生。

有位哲学家喜欢坐在村口的河边晒太阳，并不时和过路的人们拉拉家常。

一天，他刚坐下来，一个风尘仆仆的中年男人就过来打听情况。

中年男人问："这个小镇还行吧!"

哲学家慢慢抬起头来问："你来自怎样的城镇?"

中年男人说："在我原来住的地方，人人都很喜欢批评别人，邻居之间常说别人的闲话，总之那地方很不好住。我真高兴能够离开，那不是一个令人愉快的地方。"

哲学家对中年男人说："那我得告诉你，其实这里也差不多。"

过了没多久，一对旅行的父女俩也过来问路。

父亲问："住在这个小镇不错吧!"

哲学家又问："你原来住的地方怎样?"

父亲说："我原来住的城镇，每个人都很亲切，人人都愿意帮助邻居。无论去哪里，总会有人跟你打招呼，说谢谢。我真舍不得离开。"哲学家转过脸看着父亲，脸上露出和蔼的微笑："其实这里也差不多。"

等到那对父女离开后，旁边一个人奇怪地问哲学家："老先生，为什么您告诉第一个人这里很可怕，却告诉第二个人这里很好呢?"

哲学家平淡地说："不管你搬到哪里，你都会带着自己的心情，那地方可怕或可爱，全在于你自己!"

快乐是一种互相帮助、互相满足的精神状态，它要求你能够学会给予，只有给予他人快乐你才能得到真正的快乐。快乐不是相互指责、相互批评，也不是冷漠与无情，快乐是在真诚与友爱中收获的微笑与阳光。

125

快乐城堡

> 生活乐趣的大小是随我们对生活的关注程度而定的，只要你善于去发现快乐，你就会收获乐趣。

塞尔玛随丈夫到沙漠腹地参加军事演习，结果却孤零零一个人留守在一间集装箱一样的铁皮小屋里。那里炎热难耐，加上与当地的人语言不通无法进行交流，所以她觉得寂寞难耐，于是写信给自己的父母，说想离开这个鬼地方。

父亲的回信只有一句话："两个人同时从牢房的铁窗口望出去，一个人看到的是高高的围墙，另一个人却看到了广阔的天空。"

她开始并没有读懂其中的含义，后来明白了父母的用心，决定留下来在沙漠中寻找自己的天空。

她一改往日的消沉，积极地与当地人交往，学习他们的语言。她付出了热情，因为她非常喜爱当地的陶器与纺织品，于是人们便将舍不得卖给游客的陶器、纺织品送给她作礼物。

她的求知欲望也与日俱增。她十分投入地研究了让人痴迷的仙人掌和许多沙漠植物的生长情况，还掌握了有关土拨鼠的生活习性，观赏了沙漠的日出日落，并饶有兴致地寻找到了海螺壳……

这样一来，她的痛苦与寂寞没有了，取而代之的是积极的冒险与进取。她为自己的新发现激动不已。

她拿起了笔，以自己的经历创作了一本《快乐城堡》，出版后引起了大家的追捧和喜爱。

快乐存在于我们的心中，存在于周围的环境中，它可以是一滴栖息于枝头的露珠，可以是浩瀚的夜空中一颗寂寞的星星，可以是一片随水而流的落叶，也可以是一只负着食物匆匆而行的蚂蚁。只要你是一个快乐的人，你总会在这个世界上找到快乐的所在，即使是在孤独寂寞的荒原上也能构筑一座宏伟的快乐城堡。

随遇而安

快乐是一种心态，善于平衡自己心态的人，永远是快乐的。

春天已经到了，庙堂前的草地上仍然一片枯黄。

小和尚说："师父，快撒点草籽吧，这草地多难看啊！"于是师父拿出一包草籽让他去种。可种子刚撒出去，就被风吹走了许多，小和尚急得喊了起来："师父，不好了！许多草籽都被风给吹走了！"

师父不动声色地说："嗯，没关系。吹走的多半是空的，撒下去也发不了芽。随性。"

接着，天上又飞来了一群麻雀。小和尚急得直跺脚："坏了，坏了！草籽都让麻雀给吃了。这，这可怎么办呢？"

师父和颜悦色地说："别急，吃不完。随遇。"

夜里，忽然下了一阵暴雨。清晨，小和尚到院里一看，叫道："师父，这下可完了！草籽都让雨水给冲走了！"

一个星期过去了，枯黄的草地上居然长出了一片青翠可人的绿苗，原先没有播种的地方也泛出了绿意。

小和尚高兴得直拍手："太好了！"

师父慢慢地点头说："随喜！"

世界是变化莫测的，面对突如其来的各种变化，我们只能坦然接受，不管我们是否愿意，是否有能力改变这些变化。当然，我们没有必要逃避，因为无论怎样该发生的一切都还是发生了，重要的是以一种平和的心态去面对一切。

光明日记

> 在所有的快乐中，最伟大的快乐就在于对快乐的享受。

他曾经是日本最大零售集团的总裁。当他72岁时，他苦心经营的集团倒闭了。一夜之间，他变成了一文不名的穷光蛋。

可是没过多久，他又办起了一家网络咨询公司并迅速崛起。他就是日本商界的不倒翁和田一夫。后来有人问和田一夫为什么能这么快调整心态，他说他靠的是两大秘诀：一个是光明日记，一个是快乐例会。

原来，和田一夫从20岁开始，就坚持每天写一篇日记，与众不同的是，他只拣快乐的事情记，所以他把这种日记叫作"光明日记"。此外，他在公司里每个月都要召集一次例会，要求所有与会者在谈工作之前，必须用三分钟时间向大家讲述自己本月内最快乐的事情，他把这种例会叫作"快乐例会"。

快乐的心态需要培养，它不可能在一两天的时间就可以做到，它是一个不断积累的过程。在日常生活中，只要我们能够从一些小事中找到快乐，摒弃不愉快所留下的阴影，那么即使我们面对更糟糕的环境也依然能够保持快乐的心情和旺盛的斗志。

与蜗牛散步

> 只有具有乐观性格的人才会感受到快乐的存在。

上帝交给天使一个任务，让他牵一只蜗牛去散步。可是蜗牛爬得实在太慢了，天使又是催促又是吓唬又是责备，可蜗牛拼命地爬也跟不上天使的脚步。

天使又气又急，真想丢下蜗牛不管，但又担心没法向上帝交代。他只好耐着性子，让蜗牛慢慢爬，自己则以一种接近蜗牛的速度跟在后面。

这时，天使突然闻到了花香，他烦躁的内心突然平静了下来，原来他们经过了一座花园。接着，他听见了鸟叫虫鸣，感到微风拂面的舒适。后来，天使还看到了美丽的夕阳、灿烂的晚霞以及满天的星斗。

这一刻，天使终于领悟到了上帝的良苦用心："他不是让我牵蜗牛去散步，而是让蜗牛牵我去散步呀！"

面对这个世界，我们一开始总想着按照自己的想法去改造它，让它按照自己的意愿存在、发展。其实这是不可能的，远非人力所能达到的事情，其结果往往只会让自己伤心不已、心力交瘁。如果我们可以适应这个世界，顺其自然，不也照样能让自己感受到生存的快乐吗？

快乐的种子

> 快乐虽然是一种情感上的享受，却是一定要用心去追求才能得到的。

上帝把一包快乐的种子交给命运之神，并问她："你准备把它们撒在什么地方呢？"

命运之神胸有成竹地回答说："我准备把这些种子放在最深的海底，让那些寻找快乐的人经过大海惊涛骇浪的考验后，才能找到它。"

上帝却微笑着摇了摇头。

命运之神想了一会儿，继续说："那我就把它们藏在高山上吧，让寻找快乐的人通过艰难跋涉才能发现它的存在。"

上帝听了还是摇头。

命运之神没有办法了。

这时，上帝意味深长地说："你选择的这两个地方都不难找到。你应该把快乐的种子撒在每个人的心底。因为人类最难到达的地方，就是他们自己的心灵。"

在生活中，很多人因为感受不到生命中的快乐，于是就会想尽办法去寻找快乐，可是走遍天涯海角心力交瘁之后，依然没有发现快乐的影子。要想快乐其实很简单，只要自己的内心充满快乐，那么再去看这大千世界的一切，就会觉得都是快乐的。快乐是一颗种在心田里的种子，只有细心地呵护才能开花结果。

诚信：
无价的财富银行

0.1 美元的买卖

> 信用既是无形的力量，也是无形的财富。

保罗第一次做生意，身上并没有太多的积蓄，但他却显得胸有成竹。

他先从一个厂家进了一批麻绳，每根麻绳的进价是 0.5 美元。照理说加上运输费、保管费、搬运费，每根麻绳卖出去的价格肯定要高于 0.5 美元，可是保罗却仍以每根麻绳 0.5 美元的价格卖给了工厂和零售商，自己不但一分钱没赚，还赔上了一大笔钱。三个月以后，人们都知道有一个做赔本买卖的保罗，于是订货单像雪片一样飞到了保罗的手中。

接着，聪明的保罗找到生产麻绳的厂家说："过去，我从你们厂购买了大量的麻绳，而且销路一直不错，可是我都是按进价卖出去的，赔了不少钱，如果我继续这样做的话，没几天我就要破产了。"

厂商看到他给客户开的收据发票后大吃一惊，认为头一次遇到这种甘愿不赚钱的生意人，于是一口答应以后每条麻绳以 0.45 美元的价格供应。

保罗又来到他的客户那里，很诚实地说："我以前为了扩大自己的影响，原价出售麻绳，到现在为止，我是一分钱也没赚你们的，但如果长此下去，我只有破产一条路了。"他的诚实感动了客户，客户心甘情愿地把货价提高到了 0.55 美元。

这样两头一交涉，一条麻绳就赚到了 0.1 美元。只这一年，保罗就赚了4000 万美元。

信用会为你积蓄看不见的财富，时间越久，这笔财富就越珍贵。而欺骗只会恶意透支你的财富，哪怕只有一次，你也会变得一无所有。

传单的秘密

当一个人得到别人的信任时，他已经为自己储蓄了一笔数目可观的财产。

戴尔和一些大学同学一起到一家公司面试，公司却让他们先去街上发传单。戴尔抱着传单，来到了划定的地盘，见人就发一张。有的人接，有的人理都不理，有的人接过去就随手扔在了地上，他只好捡起来重发。忙碌了一整天，他手上的传单还剩厚厚的一叠。

到了规定的时间，戴尔拖着满身的疲惫回公司交差，看见其他人都已经回来了。同学一看到他就问："你怎么还留那么多传单在手中？"戴尔一看大家手上都是空的，心头慌了。

老板问戴尔发了多少。他涨红着脸，把剩下的传单交给了老板，难为情地说："我干得不好，请原谅！"回学校的路上，同学一个劲儿地骂他傻，并告诉戴尔自己的传单也没发完，剩下的全都扔进了垃圾桶，其他人想必也是

如此做的。戴尔这才恍然大悟。

结果却大出意料，戴尔成了唯一的被录用者。

半年后，戴尔因为业绩突出升任部门经理。在庆典的晚宴上，他询问老板当初为何选择了他。老板说："一个人一天能发放多少传单，我们早就测试过了。那天我给你们的传单，用一天时间肯定是发不完的，但其他人都发完了，只有你没有，并如实地汇报了情况，这说明你是一个值得信任的人。"

诚信是一项彼此信任的无字约定，也是一种具有约束力的心灵契约，它比任何法律条文都具有更强的约束力，是赢得人生成功的重要法宝。一个人如果获得了别人的信任，要比拥有千万财富更加值得自豪。

寻找救命恩人

有疑问的时候，最好是说实话。

美国一家大公司招聘员工，克拉特前来面试，他在走廊上忐忑不安地等待着。

不一会儿，有一个衣着朴素的老者走了过来。那位老者眼睛一眨也不眨地盯着克拉特看了半天，突然一把抓住他了的手："我可找到你了，太感谢你了！上次要不是你，我女儿可能早就没命了。"

克拉特一脸茫然地看着对方。

"上次在中央公园里，就是你把我失足落水的女儿从湖里救上来的！"老人肯定地说道。

克拉特这才明白了事情的原委，但他却说："先生，您肯定认错人了！不是我救了您女儿！"

"就是你，不会错的！我记得那个年轻人脸上有一颗痣的。"老人又一次肯定地说道。

克拉特无奈地摇了摇头："您说的那个公园我至今还没有去过呢!"

听了这句话,老人松开了手,失望地望着克拉特:"难道我认错人了?"

克拉特安慰老人说:"先生,别着急,慢慢找,一定可以找到救您女儿的恩人的!"后来,克拉特进去面试,并顺利通过了,开始在这家公司上班。

有一天,克拉特又在公司里遇见了那个老人。克拉特关切地与他打招呼,并询问他:"您女儿的恩人找到了吗?"

"没有,我一直没找到他!"老人默默地走开了。

克拉特心里很沉重,对旁边的一位司机师傅说起了这件事。不料司机听了后哈哈大笑:"你知道吗? 他是我们公司的总裁,他女儿落水的故事讲了好多遍了,事实上,他根本没有女儿!"

"噢?"克拉特迷惑不解。司机接着说:"我们总裁就是通过这件事来选人才的。他说有德之人才是可塑之才。"

任何人若想人生成功,都应该努力培植好自己良好的名誉,使人们都愿意与之深交,都愿意竭力去帮助他。一个明智的人必定会以良好的信誉赢得社会认可和人生成功。成大事者不仅要有处世的智慧与能力,为人也要做到诚实和坦率。

忠实客户

以诚待人,别人也会以同样的诚信待你。

他刚从大学毕业,在一家公司当推销员。第一个月,他推销机器非常顺利,半个月内就同 40 位顾客做成了生意。之后,他突然发现他现在所卖的这种机器比别家公司生产的同样性能的机器贵一些,于是深感不安。"如果客户知道了,一定以为我在欺骗他们,并对自己的信用产生怀疑。可是如果跟他们说了,所有的订单就会全部化为乌有。"他考虑了很久，然后带着合约书和订单，整整花了三天的时间，逐户拜访客户，如实向客户说明情况，并请客户重新考虑选择。

当他满身疲惫地回到公司办公室时，接到了第一个客户的电话。对方不但没有取消订单，反而又加了一个订单。接着，第二个，第三个……他所有的客户都打来了电话。结果，40个客户中没有一个解除合约，反而都成了他最忠实的客户。

为人处世，以诚相待才能获得别人的尊重，以信立身才能使人生成功。信任的基础是合作双方对对方人品的了解与欣赏，是人与人之间无法用金钱来衡量的友情。

金牌维修店

凡是与虚伪相反的东西都是极其重要而且有价值的。

一个中年男子走进一家汽车维修店，自称是一家大运输公司的汽车司机。他对维修店的老板说："在我的账单上多写点零件，我回公司报销后，少不了你的好处。"但老板拒绝了这样的要求。

中年男子继续纠缠："我的生意很大，只要你答应我，我肯定能让你赚很多钱！"老板告诉他，无论如何他也不会这样做。中年男子气急败坏地嚷道："谁都会这么干的，我看你真的是太傻了。"

老板火了，指着那个中年男子说："你给我马上离开，我拒绝和你这样的人谈生意。"

谁知这时中年男子竟露出微笑并紧紧握住老板的手说："我就是这家运输公司的老板，一直想找一个信得过的维修店，我现在终于找到了，你怎么忍心把我拒之门外呢？"

诚信是一把锋利的宝剑，在漫长的人生旅程中，要想赢得别人的信任、尊重和良好的合作，就必须高举诚信之剑，它会帮助你在人生的征程中走向成功。诚信之剑不是用钱可以买到的，只有用诚信才能换得诚信。

留学生的名声

> 人不可能靠说假话骗人去获得朋友，更不可能靠说假话赢得成功。

有一个外国留学生到日本一家餐馆洗盘子赚取自己的生活开支。日本的餐饮业有一个不成文的行规，即餐馆的盘子必须用水洗上六遍。洗盘子的工作是按件计酬的，刚开始时，这个留学生又累又只能赚很少钱，后来，他想到了一个办法，即在洗盘子时少洗一两遍。果然，这样一来，他的工钱迅速增加了。一起洗盘子的日本学生向他请教技巧，他得意地说："少洗一遍。洗了六遍的盘子和洗了五遍的有什么区别吗？"一天，老板抽查他洗的盘子，发现只清洗了五次，责问他时他却理直气壮地说："洗五遍和洗六遍不是一样干净吗？"老板只是淡淡地说："你是一个不诚实的人，请你离开。"

于是，他到另一家餐馆应聘洗盘子。对方打量了他半天说："你就是那位只洗五遍盘子的外国留学生吧，对不起，我们不需要你！"之后他到每一家餐馆去应征时大家都毫无例外地拒绝了他。

后来，他的房东也要求他退房，原因是他的"名声"对房东出租房屋产生了不良影响。同时，他就读的学校也希望他能转到其他学校去，因为他影响了学校的声誉。最后，他只好无奈地收拾行李离开了日本。

不论在生活上还是工作上，一个人的诚信度越高，就愈能成功地打开局面，事业就会做得愈好。所以，一个人必须重视自己的诚信度。人生要成功，必须得改变说谎这一致命的弱点。

第 12 堂

自强：

攀登人生的高峰

万木庄园

> 如果我们被打败了，唯一的选择就只有再从头做起。

一场突如其来的大火烧毁了拉比美丽的万木庄园。面对如此大的打击，他痛苦万分。

一个星期过去了，拉比仍陷在悲痛之中不能自拔。父亲意味深长地对他说："孩子，庄园成了废墟并不可怕，可怕的是，你的眼睛失去了光泽，还怎么能看得见希望呢？"

在父亲的劝说下，拉比决定出去转转。他一个人走出庄园，看到一家店铺门前人头攒动。原来是一些家庭主妇正在排队购买木炭。那一块块躺在纸箱里的木炭让拉比的眼睛一亮，他急忙兴冲冲地向家中走去。

在接下来的两个星期里，拉比雇了几名烧炭工，将庄园里烧焦的树木加工成优质的木炭，然后送到集市上的木炭经销店里。

很快，拉比的这批木炭就被抢购一空。接着，他用这笔收入购买了一大批新树苗栽植……一个新的庄园初具规模了。

几年以后，万木庄园恢复了生机。

在遭遇挫折后，如果只是一味地沉湎于追悔之中，失去的不仅仅是已经损失的那些东西，还有重新崛起的机会。谁都会遇到挫折，面对困境，善于把不利化为有利，走出困境，自强不息这才是明智人士的选择。

完成比赛

凡是天性刚强的人，必定有自强不息的力量。

已经到晚上10点钟了，参加奥运马拉松长跑比赛的坦桑尼亚选手才吃力地跑进体育场，他是最后一名抵达终点的选手。

这场比赛的优胜者早就领了奖杯，庆祝胜利的典礼也早已结束，因此坦桑尼亚选手一个人孤零零地抵达体育场时，整个体育场几乎已经空无一人了。他的双腿沾满血污，绑着绷带，他努力地绕完体育场一圈，跑到终点。在看台上，一个记者看到了这一幕。在好奇心的驱使下，记者走了过去，问他为什么这么吃力地跑至终点。

坦桑尼亚选手回答说："我的国家从两万多公里之外送我来这里，不是叫我在这场比赛中起跑的，而是派我来完成这场比赛的。"

即使是一个人跑到最后也要完成这场比赛，这样的信念后面伴随的是多么坚强的意志。有了这种敢于拼搏、持之以恒的精神，即使面对再大的风浪、再多的挫折，相信也一定能到达胜利的彼岸，成就自己辉煌的人生。

请把我当活人来医

> 在幸福的日子里要谨慎，在艰苦的日子里要坚强。

弗兰克是一家银行的职员，他对自己的人生总保持着乐观的心态。

如果哪位同事心情不好，他就会告诉对方怎么去看事物好的一面。他说："每天早上，我一醒来就会对自己说：'弗兰克你今天有两种选择，你可以选择心情愉快，也可以选择心情不好。'于是我选择了心情愉快。人生就是这样，你要学会选择如何去面对各种处境。归根结底，是你自己在选择如何面对人生。"

有一天，银行遭遇了三个持枪歹徒的抢劫，他受伤了。

经过18个小时的抢救和几个星期的精心治疗，弗兰克出院了，但仍有小部分弹片留在他体内。

六个月后，朋友问他近况如何，他笑着说："想不想看看我的伤疤？"朋友看了伤疤，然后问当时他想了些什么。

弗兰克答道："当我躺在地上时，我对自己说有两个选择：一是死，一是活。我选择了活。医护人员都很好，他们告诉我，我会好的。但在他们把我推进急诊室后，我从他们的眼神中读到了'他是个死人'。我知道我需要采取一些行动。"

"你采取了什么行动？"朋友问。

"有个护士大声问我对什么东西过敏，我深深吸了一口气，然后大声吼道：'子弹！'在一片大笑声中，我又说道：'请把我当活人来医！'"

热爱阳光，热爱生活，热爱带给你苦难的人，因为对方又给了你一次考验自己的机会。只要你是一个乐观坚强的人，你就会在考验中显得更加乐观，更加坚强。只要用你的乐观坚强去影响周围的人，你会得到更加巨大的力量。

被踢中的屁股

> 人的生命如奔流的洪水，不遇着岛屿、暗礁，就难以激起美丽的浪花。

他是一家大保险公司的董事长，当他还是个孩子时，就为了生计到一家餐馆贩卖报纸。餐馆老板赶了他好多次，但是他却一再地溜进去，并且手里拿着更多的报纸。那里的客人为其勇气感动，纷纷劝说餐馆老板不要再把他踢出去，并且纷纷解囊买他的报纸。

就这样，虽然他的屁股被踢疼了，但口袋里却装满了钱。

当他 16 岁时，他走进了一座办公大楼，开始了推销保险的生涯。每当他因胆怯而发抖时，他就会想起自己小时卖报纸的经历。

就这样，他抱着"若被踢出来，就试着再进去"的念头推开了第一间办公室。他没有被踢出来，那天只有两个人买了他的保险。然而，这是个零的突破，他从此有了自信，不再害怕被拒绝，也不再因别人的拒绝而感到难堪。

第二天，他卖出了四份保险。第三天……

20 岁时，他设立了只有他一个人的保险经纪社。开业第一天，他销出了 54 份保险单，有一天更创造了 122 份令人瞠目的纪录。

在不到 30 岁时，他就成了一家大保险公司的董事长。他在总结自己成功的经验时总是说："如果你想做一件事，不要考虑自己的损失，只要想到会有收获那你就放手去做。"

如果怕被人拒绝就永远不要开口，如果怕挫折就永远不要渴望成功。如果想成就一项伟大的事业，就不要怕自己会遇到多大的困难，只要前面有希望的光芒，那就大步朝前走吧！

第 13 堂

机遇：
幸运女神的指南针

精明的商人

> 一个人非常重要的才能在于他善于抓住迎面而来的机会。

周末的午后，一个商人正坐在阳台上悠闲地喝咖啡，他的手里拿着一张当日的报纸。突然，报纸上的一条消息吸引了他的眼球："墨西哥暴发瘟疫，政府正在紧急封锁疫区。"

精明的商人非常关注这条消息，他知道，墨西哥如果真的发生了瘟疫，一定会从边境传染到美国的加州或德州来，而这两州是美国肉类供应基地，假如那里真的发生瘟疫，整个美国的肉类供应将会货源紧缺，势必引起肉价飞涨。

商人的职业本能使他的大脑飞快地盘算起来，他当即派人立刻奔赴墨西哥实地调查和了解相关情况。几天后，他的考察组从墨西哥发回电报，证实了疫情在迅速蔓延，而且已经无法控制了。

商人立即集中和筹措大量资金收购了加州及德州的肉牛和生猪，并迅速运到了远离这两州的东部地区。

商人估计得一点不差，两星期后，瘟疫便从墨西哥传到了美国西部。美国政府紧急命令，严禁一切食用品从这几个州外运，肉类品首当其冲，全美市场上肉类品告急，肉价暴涨。

商人盘算到发财的时机到了，于是便将事先囤积在东部的牛肉和生猪高价售出，不到三个月的时间，他净赚了 900 万美元。

这就是精明商人的谋财之道。

机遇对于每一个人来说都是公平的，只是有些人抓住了，有些人错过了，有些人在不断地创造机会，有些人却在苦苦等待机会。可从另外一个角度来说，机遇只偏爱那些有准备头脑的人，只重视那些懂得怎样追求它的人。

加急电报

> 伟大的事业降临到小人物的身上，仅在短暂的一瞬间。谁错过了这一瞬间，它绝不会再恩赐一遍。

史蒂芬年轻时在美国西部铁路管理局做了一个电报员。

有一天，史蒂芬收到一封加急电报："货车在阿尔图纳附近的单轨路线上被堵塞，从早上开始，已被堵了四个小时。"

这封电报是请求铁路管理局长处理的，可局长外出了，不知道什么时候能回来。当时，铁路管理局有一个铁的纪律：不管遇到什么情况，只有管理局长才有权下达对列车的调度命令，如若有人胆敢违反禁令，不问任何理由，立即革职。

史蒂芬想了很多办法都无法与局长联系上，他知道每多耽搁一分钟都将给铁道公司造成严重的经济和名誉损失。责任心和使命感使他有了足够的勇气，斗胆走进了局长的办公室，查看了货车的配位图，立刻找到了阻塞的原因。于是他提笔拟好了电文，并冒名签上局长的大名，然后拍了出去，从而使塞车的事故得到了及时的解决。

几个小时以后，局长回来了，发现塞车的电报后，立即拟了封电报让史蒂芬发出去。史蒂芬看了看电报，窘迫地说："我先前已经拍发了一封同样的电文……"局长严厉地追问是谁签的字，史蒂芬只好承认是自己冒签的。局长一语不发，目光冷峻地盯着他看了一会儿，竟什么也没有说。

后来，局长晋升为宾夕法尼亚铁路局的副董事长，史蒂芬非常想跟随他去，可他却意味深长地拍了拍史蒂芬的肩膀说："你的才能远非只是做一个电报员，我已向董事长推荐你升任铁路管理局局长，年轻人，好好干吧！"

错过良好的机遇会让我们抱憾终生，所以我们应该时刻警醒自己，不要错过任何一个机遇。同时，我们还要用我们的智慧去很好地利用每一个良机，即使发现不了身边的机遇，也要学着去创造机遇。

61号大街

人类假如不利用机会，机会就会随着时光的波浪流到茫茫的大海里去，而变成不会孵化的蛋。

年轻的塞特来自一个贫穷的黑人家庭，他决定选择经商作为生财的捷径，他选择了经营肥皂。开始，他采取上门推销的方法，挨家挨户销售肥皂达12年之久。后来他获悉，供应他肥皂的那个公司即将被拍卖，售价是20万美元。他决定买下这家公司，但他在过去12年的经营中，一点一滴地仅积蓄了5万美元。最后双方达成协议：他先交 5 万美元的保证金，然后在 10 天的期限内付清剩下的 15 万美元，如果他不能在 10 天内筹齐这笔款子，就会丧失已交付的保证金，也就是说他将倾家荡产。塞特意识到自己必须抓住这一个绝无仅有的好机遇。

塞特在他当肥皂商的 12 年中，获得了许多商人的尊敬和赞赏，现在他去找他们帮忙了。他从私交的朋友那里借了一些款子，又从信贷公司和投资集团那里获得了一些援助。

塞特已经借遍了所有的朋友和认识的人，只差 1 万美元就可凑齐那一笔款了。他想去拜访最后一个住在 61 号大街的朋友，他们只见过一面而已。

夜里 11 点钟，塞特驱车往芝加哥 61 号大街驶去。驶过几个街区后，他看见那个朋友的办公室还亮着灯光，便走了进去。在那里，在一张写字台旁坐着一个因深夜工作而疲乏不堪的人，塞特意识到自己必须勇敢些。

"你想赚 1000 美元吗？"塞特直截了当地问道。

"想啊！"朋友吓了一跳，毫不犹豫地脱口而出。

"那么，请给我开一张 1 万美元的支票，当我奉还这笔借款时，我将另付 1000 美元利息。"塞特对朋友说。他把其他借款给他的人的名单给这位朋友看，并且详细解释了这次商业冒险的情况。

塞特的自信和他对未来的设计打动了这个只打过一次交道的朋友，他终于凑齐了这一笔款，开始了自己艰难而又辉煌的创业之路。

有些人常常感叹上天对自己不公平，认为事业的不成功是机遇来得太少，而不回头想一想自己对事业的态度。其实，只要你善于把握机遇，当机立断，你的事业就会由此腾飞。

买卖珍珠

> 不管你知道多少金玉良言，不管你具备多好的条件，在机会降临时，你若不具体地运用，就不会有成功。

哥哥和弟弟各自从海里采到了一颗美丽的珍珠。他俩商量好由哥哥拿着这两颗珍珠到邻国去，在那里卖个好价钱。可哥哥到了邻国后，无论是皇后还是村妇，没有一个人正眼瞧那两颗珍珠一眼，更别说有人买了。

哥哥只好沮丧地带着珍珠回来了。

弟弟决定由自己带着珍珠再去一次邻国。没过几天，弟弟便带着大把钞票回家了。

"你是怎么把珍珠卖掉的？"哥哥吃惊地问。

"很简单，我抓住了一个最佳时机。"弟弟回答道。

原来，弟弟到了邻国，两颗珍珠依然无人问津。经了解他才知道，邻国是一个崇尚俭朴的国家，上至皇后，下到平民百姓，都节俭度日。弟弟因此也甚是失望。

就在弟弟决定无功而退时，却突然得知第二天是皇后六十大寿，即将举国同庆。于是，弟弟灵机一动，决定抓住这个机会再努力一次。

第二天，弟弟带着那两颗珍珠来到了皇宫，对国王说："我知道你们举国崇尚俭朴，连皇后也不例外。国王，您今天何不趁皇后的生日买下这两颗珍珠作为礼物来送给她，以表彰皇后的俭朴风范呢？"

国王一听，觉得很有道理，就把这两颗珍珠买下了。

同样的机遇，有人怎么也得不到，有人却能从中挖掘出一笔很大的财富。分析其原因，就在于谁能巧妙地利用眼前的机遇，让它得到最大限度的升值。错过了机遇是可惜的，不善于利用机遇同样让人觉得惋惜。

意外的享受

> 机会是纷纭世事中许多复杂因子在运行之间偶然凑成的一个有利的空隙。

意大利人到美国旅游，住在华盛顿的一家大饭店里。当他准备就寝时，突然发现装着护照和现金的皮包不翼而飞，他立刻下楼告诉了饭店的经理。

"我们会尽力寻找。"经理说。

第二天早上，皮包仍然不见踪影。他只身在异乡，手足无措。是打电话向朋友求援？还是到大使馆补办遗失护照？还是苦坐在警察局等待消息？

他脑子里闪过一个又一个念头，却感觉都不太妥。

后来，他告诉自己："我要多看看华盛顿，毕竟，我还有今天晚上到芝加哥的机票，还有很多时间处理钱和护照的问题。如果我现在不畅游华盛顿，将来就没有机会了。我可以徒步在这个城市作一次短暂的旅行，来到美国我应快乐，享受大都市的一天，不应把时间浪费在丢掉皮包的不愉快上。"

于是他开始徒步旅游，爬上华盛顿纪念碑，参观白宫和博物馆。虽然许多想看的地方他没有看到，但所到之处，他都尽量畅游一番。

回到意大利之后，他就收到了华盛顿警局寄给他的那个皮包和里面所有的东西。他的美国之行最意外的收获就是徒步畅游华盛顿，因为他知道把握眼前的机会最重要。

机遇是可遇不可求的，有很多时候你一直想去做某一件事却一直没有这样的机会，可就在你快要放弃的时候，机会却不期然来到你的面前。这时，你只要好好地享受这意外的惊喜就可以了。机遇错过了一次，便不会第二次出现了。

足球官司

在世上要获得成功的方法只有两种：通过自己的勤勉，或者通过别人的能力。

在英国法庭上，一位妇女面对法官，严词指责丈夫有了外遇，要求和丈夫离婚。法官问中年妇女："你丈夫的'第三者'是谁?"她大声地回答："就是足球。"

这是法官遇到的第一件怪事，不知如何是好，只得劝中年妇女说："足球不是人，你要告也只能去控告足球的厂家。"不料，这位中年妇女果真向法院控告足球厂。

更让人意想不到的是这家足球厂在接到法院的传票后，竟十分爽快地主动提出愿意出资20万英镑作为中年妇女的赔偿费，这位太太喜出望外，破涕为笑，在法庭上大获全胜。

事情还没有结束。这场因足球而引起的官司自然在全英国产生了巨大的轰动，新闻媒体纷纷出动，做了大量的报道。

头脑精明的厂长，敏锐地利用了这场官司大做文章，没花一分钱的广告费，却让他的足球厂名声大振，销量翻了几倍，大赚了一笔。

阿基米德说过，给我一个支点我可以撬起一个地球。一个人的力量是弱小的，要想四两拨千斤必须借用别人的力量作为成功的支点。"善假于人（物）"才能让自己变得强大，才有改造世界、成就事业的动力。善用外力的人往往最先得到胜利。

第14堂

细节：
成就完美的魅力

纳粹指挥官的问候

> 事无大小，小事的威力也是无穷的。

犹太传教士来到德国的一个乡村传教，每天早晨他总喜欢到乡间土路上散步。无论身边走过哪一个人，他总是微笑着打一声招呼："早安。"

其中，有一个小伙子对传教士的问候一直反应冷漠。在当时，当地的居民对犹太人的态度是很不友好的。然而，每天早上，传教士只要遇见了小伙子总要道一声"早安"。终于有一天，小伙子开始礼貌地回应犹太传教士。

好几年过去了，纳粹党上台执政。

小镇上所有的犹太人都被纳粹党集中起来，准备送往集中营。在下火车列队前行的时候，有一个手拿指挥棒的指挥官，在前面挥动着棒子，叫道："左，右。"被指向左边的人是死路一条，被指向右边的人则还有生还的机会。

传教士的名字终于被指挥官点到了，他浑身颤抖，走上前去。当他无望地抬起头时，眼睛一下子和指挥官的眼睛相遇了。

传教士习惯地脱口而出："早安，先生。"

指挥官用极低的声音回了一句："早安。"他看着传教士，犹豫了一秒钟，将指挥棒指向了右边。

传教士走过去的时候才想起来，刚才那个指挥官就是当年他在乡间小路上经常打招呼的小伙子。

所谓的小事情往往因其小而被人们忽略了，然而它却很可能造成大难题，给人们带来意想不到的大麻烦。一些明智的人善于从小事情做起，从而使自己的命运得到彻底的改观。故事中传教士的问候虽然只是无心之举，却在日后救了他的命。

两张车票

注重细节，就是在每件小事上善于体贴对方。

日本东京贸易公司的董事长吩咐办公室助理给德国一家公司的商务经理购买东京、大阪之间的往返火车票。

在这次旅途中，德国公司的经理注意到了一个小小的巧合：去大阪时，他的座位在列车右边的窗口，返回东京时却是靠左边的窗口。

经理问助理其中缘故，助理笑答："车去大阪时，富士山在你右边，返回东京时，山又出现在你的左边。我想，外国人都喜欢日本富士山的景色，所以我替你买了不同位置的车票。"

德国经理深受感动，后来成了这家东京贸易公司的长期客户。

有些人总认为要成大事就不能拘小节，否则就会被小节拖累，其实这种想法是不妥的。注重细节对事情的周密安排，是一种负责的表现，体现了一种人文关怀。

邮局职员的发型

一个不经意的细节，往往能够反映出一个人深层次的修养。

有一次，心理学家正在街口一家邮局排队寄一封挂号信。心理学家发现，那个邮局的职员，对自己的工作感到很不耐烦——称信件、卖邮票、找零钱、发收据，年复一年重复工作。心理学家对自己说："我要使他喜欢我。显然，要使他喜欢我，我必须说一些好听的话，不是关于我自己，而是关于他。"心理学家在思考一个问题："他真有什么值得我欣赏的吗？"有时候这是个不容易回答的问题，尤其是当对方是陌生人的时候。

当邮局职员在称心理学家的信件的时候，心理学家热情地说："我真希望能有你这种头发。"

邮局职员抬起头，有点惊讶，脸上露出了微笑。

"嗯，不像以前那么好看了！"邮局职员谦虚地说。心理学家对他说："虽然你的头发失去了一点原有的光泽，但仍然很好看。"邮局职员高兴极了，他们愉快地谈了起来，而他对心理学家谈的最后一句话是："相当多的人称赞过我的头发。"

对一个人的关注程度不能只停留在嘴上，要从一些细小的方面注意对方身上的闪光点，发现对方不一般的地方，这样才是一种真心关注人的表现，才能迅速得到别人的友情并成为他的朋友。

尽职的信差

> 把一件简单的事做好就是不简单，把一件平凡的事做好就是不平凡。

布莱曼是小区里一名出色的信差，颇受大家的欢迎。一天，小区内刚搬来一位旅行家，布莱曼便上门找到旅行家索要一份全年行程表。旅行家很奇怪："您有什么用？"

布莱曼认真地说："以便您不在家时，我暂时代为保管您的信件，等您回来再送过来。"

这让旅行家很吃惊，因为他从未碰到过这样的邮差。

"没必要这么麻烦，把信放进信箱就好了，我回来再取也是一样的。"

布莱曼解释说："这样可不安全，窃贼经常会窥探住户的邮箱，如果发现是满的，就表明主人不在家，那住户就可能要深受其害了。"

布莱曼想了想，接着说："这样吧，只要邮箱的盖子还能盖上，我就把信放到里面，塞不进邮箱的邮件，则搁在房门和屏栅门之间。如果那里也放满了，我就把其他的信留着，等您回来。"布莱曼的建议无可挑剔，旅行家欣然同意了。

两周后，旅行家回来，发现门口的擦鞋垫跑到了门廊的角落里，下面还遮着个什么东西。

原来事情是这样的：在旅行家出差期间，一家速递公司把他的包裹投到别人家了。布莱曼看到旅行家的包裹被送错了地方，就把它捡起来，送回到旅行家的住处藏好，还在上面留了张纸条，解释事情的来龙去脉，并费心地用擦鞋垫把它遮住，以避人耳目。

能够把一件简单的小事做好的人往往不简单。他能够从眼前的小事做起，培养自己良好的习惯，这说明他能认识到细节的重要性，懂得以细节取胜，赢得别人无形中的敬重，这种行为将有利于为他积累良好的社会人际交往的资本。

紧急降落

要想比别人更优秀，就要在每一件小事上都下功夫。

1981年春，美国前总统乔治·布什（当时身为副总统）正在飞机"空军2号"上飞往外地。突然他接到国务卿黑格从华盛顿打来的电话："出事了，请你尽快返回华盛顿。"几分钟后的一封密电告知他，里根总统已中弹，正在华盛顿大学医院的手术室里接受紧急抢救。于是飞机调头飞向首都华盛顿。

飞机在安德鲁斯着陆前45分钟，布什的空军副官来到前舱为结束整个行程做准备。飞机缓缓下滑时，副官突然想出了一个主意，他说："如果按常规在安德鲁斯降落后，再换乘海军陆战队一架直升机，飞抵副总统住所附近的停机坪着陆，再驾车驶往白宫，要浪费许多宝贵时间。不如直接飞往白宫。"

布什考虑了一下，决定放弃这个紧急到达的计划，仍然照常规行事。

"我们到达时，市区交通正处于高峰时期，"副官提醒道，"街道上的交通很拥挤，坐车到白宫得多花10~~15分钟的时间。"

"但是我们必须这样做。"布什解释道，"只有总统才能在南草坪上着陆。"布什坚持着这条原则：美国只能有一个总统，副总统不是总统。

从一个细节可以看出一个人的内心和一个人的人格魅力。即使布什总统在当时的紧急状况下急降白宫是无可厚非的，但他却仍提醒自己注意一点：这样做既放弃了自己的原则，也是不尊重总统的表现。

教子育人的理想读本　修身励志的成功指南

谨以此书献给天下所有望子成龙的父母和他们成长中的孩子